С уважением
Ирине от Ефима
2-6-2024

# Ефим Гилин

## НАМ НЕ ДАНО ПРЕДУГАДАТЬ...

# Efim Gilin

## WE ARE NOT DESTINED TO FORSEE...

Бостон · 2024 · Нью-Йорк

**Ефим Гилин**
Нам не дано предугадать…

**Efim Gilin**
We are Not Destined to Forsee…

Copyright © 2024 by Efim Gilin

All rights reserved. No part of this book may be reproduced
or transmitted in any form or by any means, electronic or mechanical,
including photocopying, recording, or by an information storage and
retrieval system without permission in writing from the copyright holder.

ISBN 978-1960533-22-7

Book design and layout by Yulia Tymoshenko
Cover design by Larisa Studinskaya

Published by M·Graphics | Boston, MA
  ▢ www.mgraphics-books.com
  ✉ mgraphics.books@gmail.com

In cooperation with Bagriy & Company | Chicago, IL
  ▢ www.bagriycompany.com
  ✉ printbookru@gmail.com

Printed in the United States of America

# Содержание

Беспризорные ангелы . . . . . . . . . . . . . . . . . . . . . . . 9

В Москву, в Москву, в Москву!... . . . . . . . . . . . . . 27

Я вернулся в мой город, знакомый до слёз... . . . . . 31

У Никитских ворот, в переулках московских... . . . . 36

Новое поприще . . . . . . . . . . . . . . . . . . . . . . . . . . 43

С Арбата — в «Лефортово». . . . . . . . . . . . . . . . . . 50

Сокамерники. Библиотека. . . . . . . . . . . . . . . . . . . 58

Встать, суд идёт! . . . . . . . . . . . . . . . . . . . . . . . . . 66

Лагерь . . . . . . . . . . . . . . . . . . . . . . . . . . . . . . . . . 77

Петров-Агатов: пророк-провокатор . . . . . . . . . . . 83

Эмиграция . . . . . . . . . . . . . . . . . . . . . . . . . . . . . . 90

От «Лефортова» до Форта Ли. . . . . . . . . . . . . . . . 101

Ещё о моей семье . . . . . . . . . . . . . . . . . . . . . . . . 109

*Не видев бурь, кто знает океан?*

**Д. Г. Байрон**

*Недолго жизнь разбить рукою огрубелой.*
*Исправить это зло не хватит жизни целой.*

**А. Мицкевич**

Я не знаю своих планов и не хочу загружать Бога строить их для меня. Несмотря на все перипетии, я благодарен Богу за право жить в этом безумном мире и с любовью пронести память о моих родных и друзьях.

Желаю всем моим читателям счастья и благополучия.

Я рос не на улице и не в подъезде,
Я рос на ветрах бесконечных дорог,
И только лишь Бог оставлял мне надежды
Да добрых людей пожелания впрок.

Ни папы, ни мамы, от голода павших,
Сестра добровольно ушла на войну,
И столько людей в этой жизни уставших —
Мне всё это было не по уму.

А жизнь и дорогу судьба диктовала,
И гроздь перекрёстков надо было пройти.
Страну пересёк от конца до начала,
И это лишь было началом пути[1].

*2010*

---

[1] В книге приводятся стихи, написанные мной в разные годы.

# Беспризорные ангелы

С чего начать, что принять за точку отсчёта? Я сталкиваюсь с удивительным явлением: перебирая годы поимённо, ловлю себя на том, как мало в ту пору знал о местах, куда попал после спешной эвакуации из Ленинграда в июле 1941-го. Немудрено — мне не было тогда и двенадцати лет. И вот теперь, склонившись над листом бумаги, снедает любопытство узнать побольше о городах и весях, куда забросила судьба паренька, отважившегося уехать одному, без родителей.

С высоты прожитых лет я как бы заново переоцениваю, переосмысливаю факты своей весьма непростой, отчасти невероятной биографии и порой диву даюсь: неужели всё это происходило со мной? Сколько раз я мог сбиться с пути, упасть и не подняться, но бог был на моей стороне. Воистину: жизнь моя, иль ты приснилась мне?

Повествование хочу начать не с момента рождения, а с того реального дня, в котором заключено всё дальнейшее. Но какой же это день? Я терялся в догадках. Подсказала память, воскресив картину отъезда и прощания с семьёй в июле 1941-го.

…Заскрипев тормозами, трамвай остановился напротив школы. Он забрал нас, учащихся, собравшихся возле здания. Я нёс чемодан с наскоро собранными пожитками. Когда я собирал его, никого не было дома. Мама знала о принятом мною решении эвакуироваться со школой. Она уговаривала не спешить, обещала договориться со своей работой, чтобы ехать со взрослыми, я, упрямый, ни в какую. Мама целует меня, плачет, я растерян, мне неудобно, даже стыдно перед ребятами за такую её слабость.

Кто мог знать, что это последняя наша встреча…

Трамвай привёз школьников на Московский вокзал. Отсюда начались мои скитания по городам и весям.

Родители мои и старшая сестра спешно эвакуироваться покамест не собирались, раздумывали. Никто не догадывался, что времени, чтобы покинуть город, в обрез...

Разумеется, мы были уверены в скорой победе. Советская пропаганда предвоенных лет твердила о том, что война — ввиду превосходства социализма — будет быстрой и вестись исключительно на территории врага, и победа достанется нам с минимальными потерями. Я запомнил слова из обращения Молотова в первый день войны: «Наше дело правое, враг будет разбит, победа будет за нами».

Тогда никто не произносил зловещее слово «блокада». Его просто никто не знал, не предполагал применить к Ленинграду и его жителям. В июльском ночном небе висели аэростаты. Я и мой закадычный друг Игорь Голубков по поручению военкомата разносили повестки добровольцам. С Игорем мы друг без друга не могли жить. Вместе посещали военный кружок Дворца пионеров. Тридцатые годы были годами первых пятилеток, годами великих подвигов труда и мужества. Это было поколение крылатых. Чкалов мечтал облететь «вокруг шарика», а мальчишки бредили авиацией и шли в аэроклубы. Я, Игорь и ещё один наш дружок Лёня Столович тоже пытались туда поступить.

С Игорем, моим первым другом детства, мы были разные. Ездили кататься на лыжах в Кавголово, в другие места. Помню, в сильный мороз на трамвае поехали на Елагины острова. Стоя на площадке трамвая, он сильно замёрз. Я ему говорил: вот доберёмся на место и там отогреемся, и плюс в движении на лыжне станет тепло, пальцы перестанут ныть. «Мы же закаляемся», — убеждал его. Но Игорь не послушал и повернул обратно. Сказались разные характеры. Дружок мой был более податливым, менее стойким, не таким упорным, что не мешало нам дружить.

Что потом происходило в Ленинграде, который я покинул?

В соответствии с приказом из домоуправления, люди стали заклеивать окна домов бумагой — появился тот самый крестообразный узор, который должен был защищать стекло от разрушения при взрыве бомб. Ситуация с каждым днём ухудшалась. Была введена карточная система снабжения продуктами питания, что означало дефицит, а значит долгое стояние в огромных очередях.

Руководство города приняло ошибочное решение вывозить детей на территории санаториев, детских лагерей и общественных организаций, расположенных в Ленинградской области. Факт, что на подступах к Ленинграду уже находились вражеские войска, был проигнорирован. Эвакуация детей осложнялась в связи со стремительным наступлением фашистских и финских войск, отсутствием связи и достоверных сведений о расположении вражеских подразделений, не своевременно или не полностью скорректированным планом действий, прерванным в конце августа железнодорожным сообщением и другими факторами. Составы с детьми подверглись варварским налётам и атакам немецких лётчиков, бомбивших железнодорожные станции и расстреливавших их с самолётов. Из «эвакуации» дети и подростки были вынуждены возвращаться в осаждённый город, туда же прибывали жители Ленинградской области, Карелии и Прибалтики.

И вспоминается Сент-Экзюпери: «Откуда я? Я из моего детства. Я пришёл из детства, как из страны». Моя страна оказалась в огне пожарищ, в лихолетье, голодной, холодной, беспризорной.

Наш поезд, к счастью, не бомбили. Через пару суток прибыли в Кострому. Первый пункт моих военных странствий. Я не представлял, что ждёт впереди и в скольких ещё городах и сёлах придётся жить. Да и кто это мог предвидеть?

Нас поселили на берегу Волги в большом пионерском лагере. Мы считаемся интернатом. Я оказался самым младшим в старшей группе. Никого из соучеников и просто знакомых ребят не было — сборная солянка.

В пионерском лагере, я оказался здесь, наверное, единственным не пионером. Меня не приняли из-за плохой дисциплины. Однажды во время урока ребята начали писать записки с нецензурными словами. Это не осталось незамеченным, сидевшая на соседней парте девочка взяла кем-то брошенную записку и передала учительнице (не моей любимой Анне Григорьевне — та по какой-то причине отсутствовала), указав на моё «авторство». Скандал! Меня вместе с родителями вызвали на педсовет. Мой отец спросил директора, что же я написал, тот ему шёпотом на ухо: «п...да». С пребыванием в замечательной пионерской организации пришлось распрощаться, чему я потом был весьма рад...

В сентябре эвакуированных детей перевели в помещение школы. Мы ночевали в классах и спортзале. Кормили, не в пример пионерлагерю, плохо. Бродим по огородам, собираем или попросту таскаем и едим капусту, овощи. Помогаем фронту — ходим группами набивать пулемётные ленты для самолётов. Затем нас отправляют в колхоз вручную теребить (убирать) лён. Кормят молодой картошкой и поят молоком с чёрным ржаным хлебом. Вкус этого хлеба сохранился по сей день...

Я всё сильнее ощущал одиночество, ночами иногда втихомолку плакал. Я отнюдь не рос избалованным, но дети уязвимы, нуждаются в родительской опеке. Я же остался один на один с суровой реальностью.

Письма и открытки из дома доходили всё реже, а потом и вовсе прекратились.

Я видел памятью моего отца Ефима, строгого, прихрамывающего, ходившего с палочкой. Он был скорняк, работал в артели и дома. Гордился тем, что шил меховые шапки для челюскинцев. В конце двадцатых, во времена НЭПа, был арестован, чекисты искали золото. Жильё наше обыскали, ничего не нашли, отца выпустили. В тюрьме он сильно простудился, возникли проблемы с позвоночником, отсюда и хромота. Мама Рива Трайнина работала в артели инвалидов, выполняла обязанности менеджера, говоря современным языком.

Как всякая мама, была доброй, мягкой, моей защитницей.

В Ленинграде жили два маминых брата — Павел и Соломон. Павел работал в меховом ателье и был холост, Соломон был женат, имел двух дочек немного моложе меня. Мы часто ходили к ним в гости в дом на улице Желябова.

(Кстати, мамин родственник — Арон Наумович Трайнин, советский учёный-правовед, криминолог и специалист по уголовному праву, доктор юридических наук, профессор, член-корреспондент АН СССР. В 1945 году Трайнин представлял Советский Союз на Лондонской четырёхсторонней конференции, которая работала над уставом Международного военного трибунала для готовящегося Нюрнбергского процесса над главными военными преступниками во Второй мировой войне, а затем участвовал в процессе в качестве консультанта советского обвинения.)

Почему родители не эвакуировались, почему не покинули город, когда ещё была возможность? Вопросы эти мучили меня, и я не находил твёрдого ответа. Возможно, верили советской пропаганде, что город не сдадут немцам. А возможно, не хотели бросать хорошую квартиру. Жили мы в Малковом переулке, между Садовой улицей и набережной реки Фонтанки.

Наш дом номер 4 находился напротив знаменитого Юсуповского сада.

Тихое живописное место в старом центре города. В глубине сада взор привлекали классические линии старинного дворца князей Юсуповых. Перед особняком, среди зелени, раскинулся большой пруд причудливой формы, романтический мостик перекинут с берега на три островка, где вечерами мерцали фонари, а на скамейках сидели влюблённые. Всё это рождало милый сердцу образ прошлого столетия.

Невдалеке прежде стояли две церкви, большевики их разрушили.

Дом наш состоял из двух строений: четырёхэтажного, без лифта, и шестиэтажного, с лифтом. Мы жили в четырёхэтажном, на последнем этаже, в квартире 102. Построен дом был в двадцатые годы, я точно не знал, каким образом, — похоже, на паях будущих жильцов. Гилины получили отдельное жильё из трёх комнат — редкость по тому времени. Конечно, такие «хоромы» оставлять без призора было рискованно и даже опасно. Кто же знал, чем обернётся подобное опасение...

Вспоминая нашу квартиру, я почему-то вижу только шалости: например, как во время сражений с соседскими пацанами метаю в них с четвёртого этажа картошку...

В октябре 41-го часть эвакуированных из Ленинграда детей (и я в том числе) покинула Кострому. Нас погрузили на пароход, и в трюме, под грохот машинного отделения, мы поплыли в Ульяновск, Саратов, Куйбышев. Нигде не задержавшись, мы пересели в теплушки товарных составов и двинулись по железной дороге навстречу холодам в Челябинск. В теплушках мы располагались на нарах в два яруса: двенадцать человек сверху и столько же внизу.

В минусовую температуру нас в автобусах доставили в Бродокалмак — в восьмидесяти километрах от Челябинска — и разместили в помещении школы. Школа была кирпичная, одноэтажная, классы отапливались печурками. В дороге, давно не мытые, мы завшивели, стряхивали насекомых на газетные и фанерные листы и оттуда — в печурку.

Бродокалмак оказался большим селом, райцентром. В начале тридцатых годов многих жителей раскулачили, осталось немало пустых домов. В них обосновались ссыльные из разных мест России. Места благодатные: окружающие леса богаты зверьём, грибами и ягодами, в реке полно рыбы и раков. Село стояло на великолепном чернозёме; эвакуированный агроном с Полтавщины уверял, что этот чернозём не хуже украинского. Но шла война, мужики ушли на фронт, оставшиеся женщины выращивали в основном картошку, это была почти единственная еда. Однако, по словам сельчан, до следующего урожая её не хватит, поэтому уже отваривали крапиву. Еды стало не хватать уже начиная с Финской войны, и, по словам старожилов, старики стали умирать один за другим.

Мы учились выживать в тяжёлых условиях. В берёзовом лесу подрубали кору деревьев и пили берёзовый сок. Местные ребята принесли картошку, мы запекли её в лесу и чуть не сделали пожар — на опушке загорелась трава. Эвакуированные дети работали на обработке леса. Леса были чисто лиственные, берёзовые, иногда с примесью осины. Клёнов, дубов, лип не встречалось нигде. Мы обрубали ветки, сучья и складывали в штабеля.

Я обморозил ноги — по два пальца на разных ногах — и попал в больницу. Кое-как подлечился.

По субботам ездим по деревням с «концертами самодеятельности», директор интерната читает лекции, затем идём по избам и собираем милостыню — кто что даст из съестного эвакуированным ленинградским детям.

А время шло, наступила весна 42-го. Писем из дома не было. Впереди — полная неизвестность. «Сколько ж бродит по миру детишек, беспризорных ангелов войны...»

Я уже имел некоторое представление об отношении гитлеровцев к евреям, о приказе фюрера о поголовном уничтожении представителей нашей нации. Я не знал своих дедушек и бабушек, лишь однажды мельком видел дедушку по материнской линии. Они были из Белоруссии, оккупированной немцами. Какая участь их ждала, если они не успели уехать (а скорее всего, так и было)? Мамин старший брат Яков и его жена погибли. Их сыновья ушли в партизаны и воевали до освобождения Белоруссии. Мне это стало известно гораздо позже.

У меня имелся адрес Полины Дьяковой, тёти Поли, маминой родной сестры. Эвакуировалась она из Москвы в Кустанай. До войны работала в Тимирязевской академии, была старой большевичкой. Я дружил с её старшим сыном Вилей. Мы переписывались, когда он находился в танковом училище. Потом переписка прервалась — Виля погиб на фронте. У меня сохранилась его открытка, присланная с фронта. Другой мой двоюродный брат — Володя — был старше меня на два года. Муж тёти Поли, тоже старый член партии, сподвижник Орджоникидзе, предчувствуя скорый арест, скрылся, уехал в неизвестном направлении и тем спасся. Таких беглецов, насколько было известно, почти не искали — страна огромная, люди исчезали, пропадали, как иголки в стогу сена. Узнал я об этом много позднее — в ту пору об этом не задумывался, мысли были о другом, передо мной, по сути, беспризорником, стояла задача — выжить.

Бродокалмак не сулил особых перспектив в смысле выживания, я вёл полуголодное существование. И поразмыслив, решил податься к тёте Поле в Кустанай. Но как туда добраться? Узнал, что из села в Челябинск уходят грузовики с зерном, сохранившимся в амбарах. Поздним вечером я скрытно запрыгнул в кузов и улёгся на мешках. Шофёр ничего не заметил. Так я доехал до города в тряском на ухабистых дорогах кузове, почти не сомкнув глаз.

Было раннее утро. Я слез с машины, узнал у прохожих адрес ОБЛОНО, прилёг на скамейке возле нужного дома и, закутавшись в худую одежонку, заснул.

Разбудило меня солнце. Вскоре я предстал перед инспектором — молодой девушкой со смешными косичками. Я уже на практике убедился — это то учреждение, где должны помочь. Далее сработало привычное объяснение: «Я ленинградец, эвакуированный, один, родители остались в блокадном городе. Еду к тёте в Кустанай...» Звучало, как пароль. Девушка выдала талоны на еду, подсказала адрес ближайшей столовой. Утолив голод и получив по талонам несколько кусочков мыла (подлинное богатство по тому времени!), двинулся на вокзал. Разузнал, когда будет состав на Кустанай, и поехал, естественно, без билета.

Вспоминаю эти эпизоды и диву даюсь: как 12-летнему пацану, которого все звали мягко-ласкательно «Бэба», удавалось находить в условиях войны единственно верные решения? Я не был избалованным ребёнком, отнюдь, жил и воспитывался в нормальной семье, многое, если не всё, решали за меня родители, а теперь всё решать за себя я должен был сам. Видимо, срабатывали заложенные в генах упорство, стойкость, умение приспосабливаться к обстоятельствам, житейский ум.

Что же касается еврейства, то я, скажу прямо, никак не ощущал его, пусть не покажется это кому-то странным.

Мысли о доме, о казавшейся безмятежной ленинградской жизни не отпускали. Я очень хотел иметь велосипед. Мой дядя обещал купить, если буду хорошо учиться. Велосипед у него имелся, как-то раз он говорит: «Покажи, что умеешь ездить». Велосипед был женский. Я соврал, что умею. Дело происходило за городом. Я сел и поехал, выскочил на соседнюю улицу, чтобы дядя не увидел дальнейшее, а затем свалился, так как не умел ни поворачивать, ни останавливаться.

То и дело всплывали картинки прежнего: я в гостях, собираю пустые спичечные коробки, запихиваю за пазуху, чтобы потом использовать как игрушки — к ним приделывались миниатюрные колёсики, получался поезд; разрезал руку отцовским скорняжным ножом и пытаюсь спрятать следы крови от родителей, иначе попадёт, что без спроса взял нож; возил кошку к ветеринару — подавилась косточкой, потом её хоронил, а перед этим бегал в аптеку за лекарством для животного (мама сказала: «За мной так ухаживать не будешь»); на примусе жарю картошку для мамы и понемногу съедаю золотистые зажаристые ломтики... Как недавно всё было... Вижу лица приятелей по Собачьей площадке, а вперемежку — детский сад на Подъяческой, и слёзы — не хочу туда ходить, хочу стать лётчиком...

Родители часто снятся; во сне я видел фаршированную рыбу, которую не любил, но во сне пообещал маме, что буду теперь её есть.


В мою первую учительницу Анну Григорьевну были влюблены все наши мальчишки, и я в том числе. Блондинка с голубыми глазами и правильными чертами лица. Вкус к женщинам на долгие годы был мне привит именно этим образом.

Думаю об Анне Григорьевне и невольно вспоминаю связанное с учёбой. Со мной за партой сидела девчонка с смешной фамилией Копытова. Она всё время у меня списывала. Однажды во время диктанта надо было написать предложение «охотник поймал зайца». Я нарочно написал: «охотник поймал (за яйца) зайца», но скобки поставил потом, а Копытова так и списала.

Анна Григорьевна родила перед самой войной. Вместе с нами она эвакуировалась в Кострому. По пути следования в теплушке её грудной ребёнок умер.

Тётя Поля обрадовалась моему внезапному появлению. Про родителей моих она толком ничего не знала, кроме того, что в Питере тотальный голод и люди ежедневно умирают. Её сообщение меня, понятно, не успокоило. Она работала агрономом в совхозе рядом с городом. Уезжала рано утром и возвращалась поздно вечером. Я жил у неё. Тётя прикрепила меня к столовой.

Казахстанский Кустанай жил, как любой тыловой город, помогавший фронту чем мог. Изготавливали для бойцов Красной армии шинели, ватники, полушубки и меховые жилеты, валенки, рукавицы и перчатки, шапки-ушанки, большое количество тёплого белья. Школьники собирали шиповник, сушили грибы. Девушки, не ушедшие на фронт, учились оказанию первой медицинской помощи и восстанавливали солдат в госпиталях. В общем, каждый помогал как мог. Было развёрнуто три эвакогоспиталя. Госпиталями становились не только больницы, но и школы.

Но сытной жизни не было и здесь.

Я познакомился с парнем по фамилии Портной. Его называли «Боря-американец». Он и впрямь был американец, его отец был председателем профсоюза портных в Чикаго. Семья, спасаясь от Великой Депрессии и пропитавшись коммунистическими идеями, приехала в тридцатые годы в СССР помогать строить социализм. Спустя много лет, уже после моей эмиграции в Штаты, я узнал: очень многие американцы, оказавшиеся в СССР, были затем репрессированы и поплатились жизнями.

Но в данный момент Портной-старший работал на промышленном складе, а сестра Бори трудилась в совхозе трактористкой. Боря помогал мне, поддерживал продуктами. (Уже в мирное время я нашёл его в Москве, он учился в институте. Я попросил помочь достать для меня аттестат за семь классов, он ответил, что ничего сделать не сможет. Наверное, так оно и было...)

...В один из дней меня ждала невероятная встреча. В дверь жилища тёти Поли постучала какая-то девушка. Несмотря на летнюю, довольно жаркую погоду, она была в телогрейке и тёплом платке. Выглядела измождённой, усталые тёмные глаза, словно присыпанные пеплом, источали боль. Тихим, подавленным голосом она спросила, здесь ли живёт Полина Дьякова? Я подтвердил. Девушка сняла телогрейку и платок. Чёрные нечёсаные волосы торчали космами.

— Вы кто? — осведомился я.

Девушка помедлила с ответом. Сделала попытку улыбнуться. Губы слегка дёрнулись, улыбка не получилась.

— Я твоя сестра, — прошептала она.

Да, это была она, моя дорогая сестричка Циля. Я не узнал её. Высокая, стройная, красивая брюнетка с тёмными глазами (так выглядела в Питере до войны) превратилась в дистрофика.

Она начала рассказывать. С каждой минутой меня всё сильнее охватывало тревожное чувство. Я узнавал то, о чём прежде мог лишь догадываться. Циля сообщила о смерти папы и мамы от голода в марте. О том, что её от смерти спас наш троюродный дядя, он нашёл военного, менявшего ценности на продукты. Своих жену и сына спасти не сумел — военный куда-то исчез.

Цилю вывезли Дорогой жизни по льду Ладожского озера. Массово вывозить людей, в первую очередь детей и подростков, начали с февраля 1942-го. Дорогу жизни каждый день бомбила немецкая авиация, а разбитый грузовиками лёд часто проваливался под перегруженными машинами. Но другого способа спастись просто не было.

«Меня вывезли 4 апреля. Машина была не одна, мы шли караваном из нескольких крытых полуторок. Когда началась бомбёжка, в первую машину попал снаряд, и перед ней образовалась полынья. И я очень хорошо помню, как из этой машины вынимали детей и пересаживали в другие машины, и в нашу тоже, и в те, что были сзади нас. И взрослых тоже пересаживали, там же не одни дети ехали. Снега не было, на льду была вода. Я помню, как от колёс машины, которая шла перед нами, фонтанами отходила вода. Видимо, снег уже таял... Как мы переехали на ту сторону озера, я не помню, но, видимо, мы там пробыли какое-то время, потому что потом уже нас погрузили на баржи и повезли по воде, очень долго мы плыли. На пристанях нас выпускали — наверное, чтобы мы ноги размяли. И на каждой пристани нас встречали женщины, они все почему-то были в ватниках и подпоясаны солдатскими ремнями. И всё повторяли рефреном: „Ленинградские дети, ленинградские дети“. Кто-то нам картофелину совал в руки, кто-то хлеб, кто-то семечки, каждый старался чем-то угостить. А плыли мы в трюме, и люди прямо там умирали, и их заворачивали в какие-то тряпки и не хоронили, а просто бросали за борт. Вот это у меня в памяти врезалось очень сильно — что не все доплыли».

Циля, по её словам, добиралась до Кустаная около месяца.

После рассказа сестры я не мог спать. Прежде я лелеял надежду, что встречусь с папой и мамой, мне казалось, что вижу их в толпе, вернее, искал глазами людей, на них похожих. Теперь всё было кончено. Пред сном, когда меня никто не видел, я разговаривал с ними и плакал.

* * *

В последние годы, давно укоренившись в Америке, я нередко возвращаюсь к событиям ленинградской блокады, отнявшей у меня родителей.

При обороне Ленинграда и попытках прорыва блокады погибли более трёхсот тысяч советских воинов, ещё более ста тысяч пропали без вести. Потери гражданского населения оказались ещё больше: согласно данным, приведённым во время Нюрнбергского трибунала, жертвами блокады стали шестьсот тридцать две тысячи человек. Некоторые современные исследователи считают эти данные заниженными и говорят о полутора миллионах жертв.

Только около трёх процентов погибших ленинградцев стали жертвами бомбёжек и артобстрелов, остальные девяносто семь погибли от голода и лишений.

По мнению американского философа Майкла Уолцера, «в осаде Ленинграда погибло больше мирных жителей, чем в аду Гамбурга, Дрездена, Токио, Хиросимы и Нагасаки, вместе взятых».

В постсоветский период получила распространение теория, согласно которой удержание Ленинграда советскими войсками было негуманным по отношению к гражданскому населению и город нужно было сдать «ради спасения женщин и детей».

Примером таких взглядов может быть позиция известного украинского журналиста Дмитрия Гордона, заявившего в мае 2019 года: «Представим, что Ленинград бы сдали немцам, просто на секунду представим. Конечно, все евреи бы пали от немецких пуль и от верёвок, были бы повешены и расстреляны, это понятно. Но сохранились бы жизни многих других людей!»

В 2014 году разразился громкий скандал с телеканалом «Дождь», к семидесятилетию снятия блокады предложившим своим зрителям вопрос: «Надо ли было сдать Ленинград, чтобы сберечь сотни тысяч жизней?» К тому моменту, когда авторы опроса решили его прекратить, пятьдесят четыре процента проголосовавших высказались за сдачу Ленинграда.

При этом предполагается, что подобная альтернатива — «спасение жизней путём сдачи города» — вообще существовала. Я прочитал по этому поводу немало литературы и узнал, что такую возможность отрицали сами немецкие военачальники.

7 октября 1941 года, то есть всего спустя месяц после того, как замкнулось кольцо, начальник оперативного отдела командования Сухопутных войск Альфред Йодль сообщил генерал-фельдмаршалу Вальтеру фон Браухичу: «Капитуляция Ленинграда, а позже и Москвы не должна быть принята даже

в том случае, если она была бы предложена противником... Нельзя кормить их население за счёт германской родины...»

То есть никто не собирался спасать жизни жителей советских городов, уничтожение их было частью нацистской программы действий.

\* \* \*

Вернусь к пребыванию меня и сестры в Кустанае.

Я начал бегать по разным учреждениям, добывать талоны на обеды и подкармливать сестру. Срабатывало безотказно: «Я — ленинградец». В столовой брал несколько мисок с «галушками» (горячая вода с шариками из грубого помола муки), сестра начинает воду эту пить. Я выливал остатки жидкости и оставлял для сестры «галушки». Её, блокадницу, это удивляло — как можно выливать жидкость из «супа»?

Боря Портной иногда добывал плиточный чай, особо любимый казахами, и пшено. Я научился у казахов поджаривать его, получалась наваристая каша. Сестра съедала целый котелок...

Говоря об эвакуации, я сделал вывод, на верности которого не настаиваю, однако со мной происходило именно так. Самыми отзывчивыми и сердобольными в отношении меня оказывались многодетные матери.

...Бреду голодный и замёрзший по шпалам. Ночь готовится уступить место рассвету. Несколько домиков около железной дороги. Заглядываю в один. Силы на исходе. Ложусь на коврик для ног перед входной дверью и мигом засыпаю. Просыпаюсь — надо мной тикают часики-ходики. Лежу на полу горницы, укрытый овчиной. Женщина с несколькими детьми сидит за столом и приглашает меня разделить с ними скромную трапезу: отварная картошка, огурцы, кипяток. У меня в душе праздник.

По совету тёти Поли мы едем в Семиозёрки. Она уверяет: «там молочные реки и кисельные берега». (Реальность выглядела совсем иначе.) Мы собираемся в неблизкий путь. Начало зимы, мороз, одеты мы легко. На узловой станции Карталы творится невообразимое — толпы эвакуированных, ни присесть, ни прилечь, настоящий людской муравейник. Находиться в такой обстановке не было смысла. Решили пройти от станции до ближайшего села, это несколько километров. Тут начинается пурга. В одну минуту дорогу занесло; окрестность исчезла во мгле мутной и желтоватой, сквозь которую летели белые хлопья снега; небо слилось с землёю. В прошлом году я уже лежал в больнице с отмороженными пальцами ног. Повторять не хотелось, но как быть?

Ветер завывает всё сильнее. Стучимся в один дом — открывают казахи, просим укрыться, согреться. Те нас не понимают. В другом доме русская женщина приглашает переждать непогоду, поит кипятком, мы согреваемся. Пурга вроде слабеет. Мы идём дальше. Выходим в поле — снова завьюживает. Видим невдалеке геологическую вышку. Заходим, снова отогреваемся. Спать там негде. Хозяева дают лошадь с санями с условием: доедем до села и вернём лошадь, когда пурга пройдёт. Мы выезжаем. Сестра плачет, что совершенно окоченела. Лошадь с санями завязла в снегу — видно, я сбился с дороги. Оставляю сани и сестру и через силу бреду в близкое уже село. Вваливаюсь в первую избу, падаю без сил, умоляю спасти сестру, погибающую в степи. Её приносят буквально на руках, начинают нас растирать снегом, усаживают на русскую печь...

В больницу мы не попали, всё окончилось благополучно...


...Семиозёрки, куда мы с сестрой направились из Кустаная, оказались большим селом. Поначалу жили в полупустых избах. Потом нас приютили эвакуированные женщины с пятью детьми у каждой.

Помню, мне поручили зарезать курицу. Я взял топор и отрубил хохлатке голову. Ни до, ни после я такого не делал и не мог сделать. Но я жил в ином измерении, когда ценилось совсем иное... Забегая вперёд. На подмосковной даче мой сын Гриша увидел, как хозяйка зарезала курицу, и расплакался. Я еле его успокоил...

В Семиозерье наша с сестрой жизнь не стала более благополучной. Подрабатывали мы на разных работах, с трудом добывая пропитание.

Боря Портной дал нам в дорогу плиточный чай и пшено. Такой чай весьма ценился у казахов. Его можно выменять на продукты. Впрочем, надолго его не хватило.

Нам предложили поехать на ферму к немцам Поволжья, обосновавшимся неподалёку. Поволжских немцев депортировали в самом начале войны как возможных коллаборантов — так считали в Кремле. О переселении им сообщали, как правило, ночью, когда неизвестные стучали в двери ничего не подозревающих сельчан. Вывозили их в Сибирь, Казахстан и Среднюю Азию.

У немцев, вежливых, добрых людей, мы, к сожалению, пробыли недолго и вернулись в село.

Местные жители с удовольствием расписывали красоты здешней природы: озёра с пресной водой, родниками, сосновый бор, березняки, прекрасные пастбища и сенокосы. В лесах и березняках очень много ягод (вишня, земляника, костяника, дикая смородина). Как известно, кочевники при наступлении весны двигались со своим скотом с юга на север. Окрестности Семиозерья были прекрасным местом, где они могли остановиться и отдохнуть, покормить и напоить скот. Для строительства землянок и навесов для скота здесь можно было найти лес.

Всё это увидеть нам не довелось — пережив зиму, мы перебрались в город Троицк, ещё к одной нашей тёте — Нине, жившей с двумя детьми, Володей и Наташей. Муж её Семён работал в институте «Теплоэлектропроект» и оставался в Москве. Семьи сотрудников были эвакуированы в Троицк.

Чем запомнился новый пункт нашего скитания по тыловым городам и весям? Вначале я попал на эвакуированный станкозавод, в жестяную мастерскую. Я буквально глохнул от шума. Мастер-жестянщик, глухой как пень, учил меня ремеслу. Мы, кроме прочего, делали из консервных банок бидоны — вещь дефицитную. Начальник цеха сказал: «Ничего, начинай работать, осваивать профессию, сейчас тебе тяжело, но ты не расстраивайся, зато потом в жизни будет легко». Такое отеческое напутствие я запомнил на всю жизнь.

Потом меня перевели в другую мастерскую, и я стал специализироваться на ширпотребе — изготовлении пуговиц. Сырья катастрофически не хватало, поэтому в дело шёл любой подручный материал: в Германии, как нам сказали, выпускались пуговицы из лобового стекла списанных истребителей, ну а мы штамповали их из размягчённых на огне старых патефонных пластинок.

Муж тёти Нины Семён присылал из Москвы кипы центральных газет. Я продавал их на рынке поштучно.

Была и ещё одна подработка: вдвоём с одним парнем возил будку на колёсах, где продавался хлеб по карточкам. Продавщица, эвакуированная из Москвы, предложила: «Давайте, мальчики, талоны от карточек, я вас за помощь отоварю». Мы бежим на рынок, покупаем талоны, отдаём продавщице и продолжаем возить будку. В итоге она нас надула и талоны прикарманила, никак не отблагодарив.

Помнится разговор с новым знакомым, уроженцем этих мест. Нас с ним отправили на прополку моркови за десяток километров от города. Шли пешком по степи, голой и унылой. Мой знакомый стал нахваливать пейзаж. Особенно упирал на богатую охоту. Я хвалил ему наши леса возле Питера, а он вдруг: «Я бы умер со скуки в таком лесу...»

Некоторое время я работал в колхозе. Ночевать приходилось на сеновалах, безуспешно борясь с блохами. Я решил «сменить дислокацию» и перебраться на ночлег в землянку с поросшей травой крышей. Утром накрапывал мелкий дождик, я проснулся, встал, сделал пару шагов и свалился с крыши. Забыл, что спал не на земле.

В свободные дни, без пропуска и билета, «зайцем» мотался к своему товарищу Боре Портному в Кустанай.

> Я с чемоданом деревянным
> Россию пересёк в товарном.
> Война Россию раскромсала.
> Мечтал я о кусочке сала,
> Мечтал хоть день побыть я сытым,
> Не стал я вором и бандитом.

Не думал я тогда о Боге,
А он мне открывал дороги.
Судьба ломала все преграды,
И Бог послал мне жизнь в награду.

*2010*

...Девятнадцатилетняя сестра добровольно ушла на фронт. Я провожал её на вокзал. Достал пять рублей, купил ей лепёшку в дорогу. Прощались со слезами. Забегая вперёд, Циля достойно воевала, дошла до Праги, не была ранена. Мы встретились с ней после Победы в Ленинграде.

# В Москву,
# в Москву, в Москву!..

В пьесе А. П. Чехова «Три сестры» эту фразу с тоской повторяют сёстры, задыхающиеся в тине провинциальной жизни, но не имеющие воли, чтобы из неё выбраться.

Меня, вполне понятно, волновали совсем иные проблемы. Я не думал, не мечтал попасть в столицу, моим приоритетом был и оставался любимый Ленинград, в котором, однако, меня никто из близких не ждал. В Москву я попал, можно сказать, случайно.

Тётя Нина обратилась с просьбой — доставить в столицу для сотрудников «Теплоэлектропроекта» картошку и помидоры. Вдвоём с напарником, глухим парнем, мы загрузили в товарный вагон ящики с картошкой и зелёными помидорами. Ехали две недели, зелёные помидоры за это время дозрели и превратились в красные. Наконец добрались до Москвы. Загрузили ящики из вагона на открытую платформу, пару дней я сторожил груз, пока его не забрали.

Всюду висят объявления о найме рабочей силы, читаю и не знаю, какую специальность выбрать.

В столице я впервые. Брожу по улицам и переулкам, верчу головой направо-налево. Особенно поразила Красная площадь. Невольно сравниваю с Ленинградом — архитектура моего родного города, который я весь исходил пешком и объездил в мирное время, мне всё-таки ближе.

Несколько ночей я провёл у дяди Семёна. Потом стал «ходить по инстанциям». И вновь в кабинетах чиновников звучало рефреном: «Я ленинградец, сирота, потерял родителей в блокаду...» Мне шли навстречу, помогали.

В райисполкоме Киевского района выдали талон на покупку обуви. Еду в магазин на Воробьёвых Горах, где потом был воздвигнут университет, и получаю ботинки на деревянной подошве. Вхожу в них в метро — стук, будто гвозди забиваю или чечётку отбиваю. Выхожу на улицу и выбрасываю эти ботинки. Начинается дождь, прыгаю в троллейбус босиком, бьёт током…

В моей короткой жизни нередко возникали тяжёлые периоды. Но я как-то всегда собирался с духом и рассуждал, что даже в эти моменты меня окружает мир во всей его неповторимости; я здоров, зрение и слух в порядке, я всё вижу и слышу, а если бы был слепой или глухой? Я существую, двигаюсь и должен быть доволен тем, что есть. Действуй, борись за лучшее, не поддавайся унынию, говорил я себе. Такая психотерапия здорово помогала.

5 августа 1943-го в Москве прогремели залпы артиллерийского салюта в честь освобождения городов Орла и Белгорода. Этот салют стал первым за время Великой Отечественной войны. Поздним вечером 5 августа я услышал по радио, как знаменитый диктор Юрий Левитан зачитал правительственное сообщение: «Сегодня, 5 августа, в 24 часа столица нашей Родины Москва будет салютовать нашим доблестным войскам, освободившим Орёл и Белгород, двенадцатью артиллерийскими залпами из ста двадцати орудий».

Я не спал и, выйдя на улицу, наблюдал всю эту красоту, расцветившую звёздное московское небо.

Я искал, чем заняться, где и каким образом начать зарабатывать деньги, дабы не сидеть на шее у дяди Семёна. Газета «Правда» печатала статьи, в которых говорилось: в первые два года войны тысячи детей дошкольного и школьного возраста остались без крова, без средств к существованию, стали круглыми сиротами или полусиротами. Многие из них потеряли не только своих родителей, но и всех ближайших родственников. Освобождённые города западных и юго-западных областей Советского Союза подчас являли собой жалкое зрелище: среди дымящихся руин и развалин бегали стайки беспризорников, часто руководимые преступным элементом; детских домов и приёмников катастрофически не хватало.

Ужесточались меры наказания для несовершеннолетних преступников.

Для тех детей и подростков, которые не совершили никаких преступлений, но потеряли родителей на фронтах войны, постановлением от 21 августа 1943 года было принято решение «организовать девять суворовских военных училищ, типа старых кадетских корпусов, по пятьсот человек в каждом, всего четыре тысячи пятьсот человек со сроком обучения семь лет, с закрытым пансионом для воспитанников...» И далее: «В суворовские военные училища принимать мальчиков с десятилетнего возраста. В целях полного укомплектования одновременно всех суворовских военных училищ в 1943 году, в виде исключения, произвести приём четырёх возрастов — от десяти до тринадцати лет включительно».

Узнав об этом постановлении, напрямую касавшемся меня, я направился в райвоенкомат на Садовом кольце. Против ожидания, мне отказали в зачислении. 29 ноября 1943-го мне исполнялось четырнадцать лет. Полагаю, мой возраст и стал препятствием для зачисления в училище. Был бы на год моложе, тогда никаких препятствий. Другой причины отказа не знаю.

Близко от военкомата, во дворе большого дома, располагалось ремесленное училище (РУ) металлистов № 12. Туда я и направился. Привлекало то, что обучение, проживание и питание были бесплатными. Учащиеся также обеспечивались одеждой, обувью, бельём и учебниками.

В РУ я обрёл специальность слесаря-инструментальщика и получил направление на авиапредприятие, которое не эвакуировалось.

Работал я в основном в ночную смену. Уставал. Однажды с напарником заснул чуть ли не на рабочем месте. Директор завода делал обход, увидел спящих мальчишек и распорядился не ставить их в ночную смену.

Через некоторое время меня перевели в институт авиационного моторостроения имени Баранова. Во время войны на московской площадке ЦИАМ были организованы мастерские по ремонту авиационных двигателей, как отечественных, так и иностранных, поступавших по ленд-лизу.

Меня поставили за токарный станок. Я же выучился на слесаря, с токарным делом был знаком плохо, поэтому у меня ничего не получалось. Видя такое дело, меня перевели в цех, где стал работать по специальности. Институт располагался в Лефортово. Окна моего цеха смотрели на печально знаменитую тюрьму. Мог ли я представить, что через 26 лет буду смотреть на корпуса института через тюремные решётки!.. Но об этом — позже.

В ЦИАМ я проработал до конца войны.

К моей радости, я познакомился с очаровательной девушкой Екатериной Владимировной Полянской, инспектором РОНО. Называть её Катей не поворачивался язык — обращался по имени-отчеству. Она стала моим добрым ангелом. Чем уж я приглянулся ей, не ведаю. Скорее всего, сочувствовала моему сиротству и помогала чем могла. Благодаря её участию, я щеголял в голубой лендлизовской телогрейке, скорее, даже куртке. В мой прикид добавились купленные на рынке полуботинки. У обуви имелась особенность — один полуботинок был красный, а другой — коричневый. Приходилось ежедневно обильно смазывать красный тёмным кремом, как бы уравнивая цветом с другим.

Я познакомился с родителями моей доброй феи, бывал у них дома. Живя в Америке и приезжая в гости в Москву, обязательно их навещал.

# Я вернулся в мой город, знакомый до слёз...[1]

В августе 1945-го я наконец-то оказался в Ленинграде, по которому не переставал скучать. Моя сестра демобилизовалась и присоединилась ко мне.

И вот я оказался в родном городе. Не могу подобрать слова, чтобы описать тогдашнее моё душевное состояние. Всё вокруг близкое, дорогое — вот только папы и мамы на этом свете нет уже три года. Своё сиротство при долгожданной встрече я ощущал невероятно остро...

> Садовая, Юсуповский ест время и гранит,
> Ажурна вязь чугунная вдоль садика звенит.
>
> Как стайка птичек резвая, летала детвора.
> Садовая, Юсуповский — далёкая пора.
>
> Деревья и кустарники шумели, как в лесу.
> Война слизала начисто нетленную красу.
>
> Садовая, Юсуповский, районный парк культуры...
> И появилась Ленина огромная скульптура.
>
> Деревья стали мелкими, и прудик меньше стал.
> Совсем исчезла ивушка, плаксивых идеал.
>
> Не плачет больше ивушка на берегу пруда,
> Сиреневые заросли исчезли без следа.
>
> Дорожка лишь извилиста по садику бежит,
> Былым пейзажем трепетным никто не дорожит.

---

[1] Первая строчка известного стихотворения Осипа Мандельштама.

Садовая, Юсуповский ест время и гранит.
Лишь детвора по-прежнему задористо звенит.

*1958*

## Элегия о Петрограде

Брожу по улицам. История
Лежит, закутавшись в туман,
Звучит, как гимн, как оратория,
Про смерть, про жизнь и про обман.

И как вулкан, уснувший снова,
Заговорил с землёю вдруг,
Так сердце, памяти основа,
Разворошило мыслей круг.

Ноктюрны, фуги и сонаты,
Прелюдии лихой судьбы,
Обыкновенные сюжеты
Побед, провалов и борьбы.

Архитектура старых зданий
Своим величием манит,
Как запрещённых книг изданья,
Как мрамор, бронза и гранит.

Асфальт покрыл мощённый камень,
Как правду жизни иезуит,
Но помнит камень лёд и пламень,
Всё кто-то помнит, но… молчит.

Брожу по улицам. История
Лежит, закутавшись в туман…
Бурлит гостиница «Астория»,
Застыл Исаакий великан.

*1960*

Где жить? Проблема эта встала со всей остротой. В нашей квартире в доме № 4 в Малковом переулке жили чужие люди — два брата-фронтовика, один с женой. Занимали они две комнаты. Наше с сестрой обращение в суд по поводу возвращения жилья не принесло результата — судья постановил: «поставить на очередь». Пришлось нам занять свободную маленькую комнатушку.

Я устроился на завод «Русские самоцветы». Помог в трудоустройстве дядя Соломон Трайнин, работавший на этом предприятии.

Работая здесь, я постепенно узнал историю уникального завода. В 1721 году по повелению Петра I была учреждена «Императорская гранильная фабрика» в Петергофе. Для развития фабрики лучшие мастера золотых и серебряных дел были тогда направлены в новую российскую столицу, также приглашали иностранных ювелиров для того, чтобы «бриллиантить» алмазы, шлифовать и полировать драгоценные камни. Мастера создавали объёмные чаши, вазы, настольные украшения и композиции из цветного камня, церковную утварь, и всё это богато инкрустировали драгоценными камнями.

Уже в начале XIX века изделия из русских камней высоко ценились за рубежом, часто они преподносились в качестве дипломатических подарков. В России малахитовые украшения, позолоченная бронза, каменные мозаики разных типов использовались при оформлении царских и аристократических интерьеров.

«Русские самоцветы» продолжили осваивать заложенные российской ювелирной промышленностью технологии изготовления ювелирных украшений. К 1930-м годам завод значительно расширился, появились филиалы в крупных городах страны.

Крупный государственный заказ завода «Русские самоцветы» — экспонат для парижской Всемирной выставки 1937-го. Центр Советского павильона должна была украшать масштабная мозаичная карта Советского Союза, инкрустированная драгоценными камнями. Мастерами завода было создано громадное панно «Индустрия социализма». В проекте были задействованы сотни людей. Панно произвело фурор.

В войну производство «Русские самоцветы» эвакуировали на Урал. А ленинградский завод стал работать на нужды фронта. После победы производство начали восстанавливать. Мастера решили возродить почти утраченную эмалево-филигранную технику для изготовления серебряной посуды…

Вот на какое легендарное предприятие я попал. Однако гордиться мне было нечем — меня поставили на общие работы, не требовавшие квалификации. Работа скучная, нетворческая. Затем перевели в ювелирный цех. За два с половиной года многому научился, так как трудился в окружении нескольких корифеев. Участвуя в городской промышленной выставке, завоевал третье место за новшество в изготовлении ювелирных изделий.

И тем не менее покинул предприятие, поддавшись на уговоры родственника-ювелира, сына дяди Соломона. Он предложил новое дело: восстанавливать и продавать часы.

Связавшись с часовщиками, мы получали отремонтированные часовые механизмы, нередко в новых корпусах. Я продавал их, в основном на вокзалах, по большей части военным. Жизнь на выживание приучила не чураться никакого заработка, использовать любую возможность, при этом нередко нарушая принятый порядок частной торговли.

Мне хотелось выглядеть модным: в хлопчатобумажные синие брюки вставляю клинья, получается матросский клёш — крик моды. Вернувшийся из эвакуации дружбан Игорь Голубков (его семью в начале войны выслали — причина мне неизвестна, слава богу, выжили) зовёт на танцы, а я его — на рынок и на вокзал, где продавал часы. Тут наши пути расходятся…

В этом деле мне помогал Серёжа Новожилов. Был он из семьи старых большевиков, но не чурался зарабатывать деньги продажей часов. Вопросы морали его не сильно волновали. Я узнал, что он — лейтенант МГБ.

В ту пору женщины стали обращать на меня внимание. Я платил им тем же. Открывалась новая страница моей биографии. Случались непредвиденные моменты. Забегу немного вперёд. Я уже учился в техникуме и однажды приехал в Питер на каникулы. С друзьями пошли в ресторан. Я приметил красивую девушку из чужой компании и пригласил на танец. Мы познакомились. Она сказала, что совершенно свободна и к той компании не имеет отношения. Я пригласил её за наш стол, и мы приятно провели вечер. Я узнал: у неё есть ребёнок, муж ушёл. В глубине души мне стало её жаль. Я провожал новую знакомую из центра, где находился ресторан «Астория», на Петроградскую сторону, к её дому. Я пребывал в лирическом настроении. Девушка сказала: «Я живу в коммуналке. Но ты можешь зайти ко мне, только я сначала посмотрю, спит ли сын, а ты обожди у дверей». Я прождал с полчаса, девушка так и не вышла хотя бы попрощаться. Попросту обманула. Я расстроился.

Много лет спустя, уже в тюрьме, прочитал Демокрита и, вспомнив эту историю, отчасти согласился с его выводом: «Женщина более склонна ко всему дурному, нежели мужчина». Возможно, философ и я вместе с ним не правы...

В ту пору я увлёкся игрой на бильярде. Бильярдные находились в гостиницах, например, в «Октябрьской» на площади Московского вокзала. На деньги я не играл. Познакомился с «профи» по этой части, пожилым человеком со странной кличкой «Покойник». Обязан такой «кликухе» он был, как рассказывали, благодаря стычке с оскорбившим его парнем. «Ну, ты покойник!» — бросил он в лицо задире. Это была не серьёзная угроза, а «фигура речи». Так вот, новый знакомый однажды словно невзначай бросил мне: «Завязывай со своими занятиями. Тебе надо учиться...»

Примерно в это время я получил письмо от двоюродной сестры Наташи, дочки тёти Нины. Письмо почему-то было не подписано, но я понял, от кого оно. И она рефреном повторяла: «Тебе надо учиться!» Вняв советам бильярдиста и Наташи, я уехал в Москву.

# У Никитских ворот,
# в переулках московских...

И вновь дамокловым мечом навис вопрос: где жить, как будет с пропиской. Питерский приятель взялся помочь. «У меня в Москве есть родственница, она работает в секретариате Шверника. Обратись к ней от моего имени...» Н. М. Шверник был председателем Верховного Совета СССР, всесильная фигура, один раз в месяц в его приёмной принимали просителей по разным поводам, в том числе и по прописке. Приём иногда вёл сам Шверник, но чаще — его замы. Родственница приятеля оказалась отзывчивой и обещала оказать содействие.

В один из дней я попал в приёмную и стал дожидаться аудиенции у высокого чиновника. Мне повезло, разговор занял всего минуту. Шверник спросил, какая у меня просьба. Я сказал, что сирота, родители умерли в блокаду, и хочу в Москве учиться. «А в Ленинграде не мог?» Я ответил, что в Москве у меня тётя, а в Питере никого. «А где жить будешь?» Я сказал, что у тёти. Шверник распорядился оформить мне временную прописку.

Я решил поступать в техникум советской торговли. Проблема состояла в отсутствии у меня документов об окончании семилетки, не говоря об аттестате зрелости. Во время войны и постоянных перемещений было не до учёбы. Элементарных школьных знаний, естественно, тоже не хватало. Наташа предложила помочь по математике, мы стали с ней заниматься. Но где взять необходимые бумаги для поступления? И Бэба, то есть я, решил всеми правдами и неправдами добыть липовые документы об окончании семи классов. Оказалось не так сложно. Нашёл нужных людей, всё было исполнено.

Некоторые высокоморальные читатели могут за это бросить в меня камень. Да, признаю — я далеко не ангел. Но

36

пусть эти моралисты попробуют выжить в моей шкуре: без отца и матери, без материальной поддержки, без крыши над головой...

Пока готовилась «липа», я зарабатывал продажей часов. Пригодился ленинградский опыт. Часики были на загляденье, с изящными корпусами, светящимися циферблатами, часть деталей была немецкая, взятая из трофейных изделий. Я связывался с часовыми мастерами, но был крайне осторожен. Помогал мне демобилизованный капитан-лётчик, Герой Советского Союза, хороший мужик, но любитель выпить. Вдвоём мы продавали часики возле Военторга и на вокзалах.

Пришло время, я попросил капитана пойти в приёмную комиссию техникума. Тот гладко побрился и трезвый как стёклышко отправился в техникум на Бакунинской улице. Он попросил за меня как за своего ленинградского племянника-сироту. Геройская звезда произвела нужный эффект, и меня, представившего документ об окончании семилетки с хорошими и отличными оценками, приняли без экзаменов.

Так в 1949-м началась моя учёба.

Я поменял место жительства — у тёти Нины подросли дети, стало тесно. Снял даже не угол в комнате, а кровать для ночлега в коммуналке у Никитских ворот. Хозяйка работала по ночам.

Сызмальства я усвоил науку выживания: государство ничем тебе не поможет, надейся только на себя.

Директором техникума был Иван Иванович Иванов, впоследствии заместитель министра торговли РСФСР, куривавший учебные заведения министерства. Человек был хороший, многое понимавший, по-доброму ко мне относившийся. Однако не все преподаватели проявляли расположение, и их можно было понять — студент я был не из лучших. Пробелы в знаниях ощущались. Преподаватель физики первым заподозрил, что никакой семилетки я не оканчивал. Он поделился этим «открытием» с директором, тот собрал педсовет. Меня вызвали, и начался форменный допрос. Я понимал, что меня раскусили.

Иван Иванович был против отчисления. Он вошёл в положение взрослого беспризорника, вынужденного всеми силами бороться за выживание. Посещать школу не было возможности. К тому же в техникуме я был заметен, проявлял активность, читал любимые стихи со сцены. Короче, директор убедил коллег не поднимать скандал и дать мне возможность продолжить получать образование.

И тут возникла опасность идти в армию по призыву. Вставать под ружьё я категорически не желал. Пришлось бы бросить техникум. Тётя Поля работала в Тимирязевской сельскохозяйственной академии, имела большие связи. Она прекрасно понимала моё состояние — я хотел получить диплом и начать нормально трудиться. Трёхлетняя солдатская служба лишала такой возможности. Тётя Поля позвонила своему хорошему знакомому — начальнику районного паспортного стола, тот посоветовал временно прописаться в Тимирязевском районе к кому-нибудь. Я нашёл старушку и прописался на её адрес, однако не встал на учёт в райвоенкомате. Но прийти туда всё равно пришлось.

— Дайте хотя бы сдать экзамены за второй курс, — попросил у зама военкома.

— Сдашь — придёшь, — разрешил он.

Я сдал экзамены, но в военкомате не появился. В общем, от призыва на срочную службу пока «отбился»…

После окончания техникума я попал на трёхмесячные военные сборы в Саратовской области. Более никаким образом не был связан с армией. А затем мой год призыва сократили.

Направление на работу я получил в Ювелирторг. Способствовал этому директор техникума, о ком вспоминаю с теплотой. Он знал, что я тяготею к ювелирному делу.

В начале лета 1952-го я переступил порог магазина на Сретенке. Таких магазинов в Москве насчитывалось восемь. Меня назначили заведующим секцией по продаже ювелирных изделий из золота. Работа пришлась по душе. В определённой степени я считал себя ювелиром, хотя умением и серьёзной практикой в этом направлении не обладал.

НАМ НЕ ДАНО ПРЕДУГАДАТЬ...

Грянул март 1953-го. Смерть Сталина застала страну врасплох. Советские люди верили, что их вождь, подчинивший себе полмира, выше законов природы. Положивший в основу партийной клички название одного из самых прочных металлов не может, просто не может умереть, как обыкновенный человек. Бессмертный Сталин — это звучало отнюдь не метафорой.

И вот — смерть. Многие восприняли её как личную драму, трагедию. Доверив кремлёвскому отшельнику, не появлявшемуся перед народом немало лет, право руководить ими, вести их вперёд, определять их судьбы, судьбы их детей, они теперь не знали, что делать дальше, как жить, и поэтому их скорбь питалась ещё и растерянностью.

Плакали почти все, и их слёзы были не показными, а вполне искренними, идущими от сердца. Даже начало войны не встревожило и не потрясло народ так, как смерть горячо любимого вождя. По крайней мере, таких рыданий 22 июня не наблюдалось.

Понимание исторического события и последовавшего за этим по-настоящему пришло ко мне в зрелом возрасте, уже в эмиграции. Тем не менее прощаться с вождём я не пошёл, а мой директор, бывший военный моряк Виктор отправился в Колонный зал, смог пробиться в здание и пройти мимо гроба в скорбном молчании.

Моё отношение к советскому строю уже было негативным. Помогли открыть глаза на происходившее мои друзья Лёня, Исаак и Лёва. Разные по характеру, работавшие в разных сферах, они были евреи, и потому многие наши разговоры касались темы антисемитизма. Если откровенно, я не чувствовал его проявления в отношении себя. А вот они чувствовали и доносили до меня свои опасения и тревоги. И убийство великого актёра Михоэлса (в том, что это было именно убийство, а не несчастный случай, мои друзья не сомневались), расстрел членов Еврейского антифашистского комитета, арест «врачей-убийц» и нагнетание антиеврейской истерии — вместе с друзьями и я начинал чувствовать, в какое страшное время живу.

39

Теперь, на излёте своих дней, я могу чётко сформулировать мысли относительно народа и вождя. «Народный сталинизм», став проявлением фанатичной любви к отцу нации, сродни религиозному экстазу, не изученный до конца по сию пору, опирался на то, что сознательная жизнь миллионов людей проходила в период, когда Сталин стоял во главе государства. Все достижения в мирное и военное время олицетворялись с ним, а все лишения и жертвы приписывались не его воле, но его окружению и властям на местах. Святая вера в Сталина-бога, которого обманывают, совершают поступки, о которых он не догадывается (хотя по такой логике человек-бог должен видеть и знать абсолютно всё), подвигала тысячи узников ГУЛАГа писать письма дорогому вождю, присягать ему на верность, просить оградить их от произвола следователей, побоев, издевательств, унижений.

Известно, что одним из любимых занятий вождя было перечитывать Макиавелли. Я познакомился с этой книгой в Лефортовской тюрьме, заказав в библиотеке. Позднее писали: на полях книги «Государь» вождь оставил десятки пометок. Известны два выделенных красным карандашом абзаца. «Государь, если он желает удержать в повиновении подданных, не должен считаться с обвинениями в жестокости. Учинив несколько расправ, он проявит больше милосердия, чем те, кто по избытку его потворствует беспорядку»; «...может возникнуть спор, что лучше: чтобы государя любили или чтобы его боялись. Говорят, что лучше всего, когда боятся и любят одновременно; однако любовь плохо уживается со страхом, поэтому если уж приходится выбирать, то надёжнее выбирать страх».

У Никитских ворот, в переулках московских
Моя юность и зрелость под богом текла,
Я не чувствовал боли без ласки отцовской
И не думал, что нету без мамы тепла.

Рисковал и учился я, богом хранимый,
И не чувствовал страха в объятиях зла,

Были грёзы любви и улыбки любимых,
Всё, что молодость каждому щедро дала.

А вокруг бушевало безумие страха,
Но а жизнь рождалась, как весною трава,
И не ведали мы, что ходили под плахой,
И смеялась, и плакала с нами Москва.

*1951*

Пройдёт более полувека, и о Сталине опять начнут говорить, писать, оправдывать, прославлять его, в том числе и в новом учебнике истории, называть великим менеджером, объяснять его жестокость, геноцид собственного народа тогдашней обстановкой в мире. Тем, кто в 53-м ещё и не родился, скажут: нам с вами нечего стыдиться, мы должны гордиться своим прошлым.

И вот теперь Путин пробует идти по стопам вурдалака, стремясь уничтожить Украину и украинцев, грозя миру атомной заточкой.

Воистину, маятник часов истории качается в обе стороны...

Олицетворяя себя с миллионами советских людей, находившихся под гнётом коммунистов, я написал такие строчки:

Я был убит ещё в тридцатых
Пропагандистской пулей в лоб.
И раскулачивали хаты,
Уничтожая свой народ...

*2021*

* * *

Красная площадь — просто и точно
Имя законное придано ей.
Красная площадь окрашена прочно
Кровью безвинно погибших людей.

*1972*

## ЕФИМ ГИЛИН

\* \* \*

Вожди лежат у стен Кремля,
Сгубивши судьбы поколений.
Не будет пухом им земля,
Пока не стёрто имя Ленин.

*1972*

\* \* \*

Провёл я в магазине на Сретенке три года. Обрёл определённую популярность. Меня приметили в торге. На улице Горького, напротив гостиницы «Националь», открывался фирменный магазин «Подарки» с ювелирной секцией. Меня пригласили туда. Я предложил новый дизайн прилавков: были длинные, а стали вроде «островков» — удобно и покупателям, и продавцам.

Магазин затем передали в ведение ГУМа. Я получил повышение — стал заместителем заведующего ювелирного отдела.

Наметились улучшения в плане быта. Удалось оформить опеку над тётей Полей Дьяковой, пенсионеркой. У неё было, как я писал ранее, два сына. Виля погиб на фронте, Володя учился в военной академии. С мамой не общался. Не буду вдаваться в подробности, почему так произошло. Тётя Поля жила на проспекте Мира в двухкомнатной квартире. Так я наконец-то обрёл постоянную московскую прописку. В одной из комнат я не жил, лишь изредка ночевал.

Сестра Циля вышла замуж за немолодого человека. Я помогал ей. Мы по-прежнему дружили. Детей у сестры в браке не было. У неё проявилось последствие блокады — дистрофия; мучили мания преследования, какие-то «голоса». Я способствовал лечению...

# Новое поприще

Работал я хорошо, с интересом. Однако в судьбе моей наметился новый поворот. В самом конце пятидесятых меня пригласили помочь восстановить и возглавить небольшой часовой магазин у Немецкого рынка (позже его переименовали в Бауманский).

Казалось бы, от добра добра не ищут — я был достаточно известен в сфере торговли ювелирными изделиями, зачем менять профиль деятельности? Но я был бы не я, если бы отказался. Активная натура требовала выхода, к тому же с часами знаком не понаслышке, удачно продавал их с рук в Питере и Москве. А тут — целый магазин, пост директора. И я согласился, перейдя в ведомство Москультторга.

Сработали связи — прежде всего с часовыми заводами страны. В торге были довольны — новая торговая точка приносила прибыль. И в 1964-м я пошёл на повышение, возглавив большой магазин часов на старом Арбате. Здесь проработал до 1972-го, когда за мной захлопнулись решётки Лефортовской тюрьмы.

Интерьер магазина преобразился. По моим задумкам, появились шкафы из карельской берёзы, в отделке помещения широко использовалась искусственная ткань под кожу, внутри зала на стенах были установлены большие стрелки, показывавшие точное время, особые двойные стёкла витрины не замерзали во время морозов...

Несколько слов о том, чем мы торговали. Расцвет советской часовой промышленности был связан с периодом 50–70 годов. В результате было достигнуто полное самообеспечение внутреннего рынка часами, и данный товар перестал быть дефицитным, за исключением ряда редких и престижных марок.

В столице успешно работали два часовых завода, родственные предприятия действовали в Петродворце, Минске, Пензе, Куйбышеве, Ереване, Златоусте, Челябинске, Орле...

Разумеется, не обошлось без заимствования иностранных достижений. Все механизмы сороковых-пятидесятых-шестидесятых годов были более или менее доработанными клонами вначале старого, купленного ещё в 1936 году, механизма Lip, а затем новых швейцарских механизмов. Предъявить какие-либо претензии СССР в то время было невозможно (как сейчас невозможно предъявить их Китаю, клонирующему любую промышленную продукцию).

У меня родилась идея: давать изношенным деталям как бы вторую жизнь — для чего заказывать на заводах комплекты запчастей, куда входили бы циферблаты, корпуса, механические части. Люди покупали в нашем магазине эти комплекты и шли к часовым мастерам, которые производили необходимый ремонт. Эту мою идею затем переняли большие мастерские.

\* \* \*

В самом конце пятидесятых в моей личной жизни произошли изменения. Я уже был далеко не мальчик и вовсе не походил на монаха. Короткий по времени, но бурный роман с замужней женщиной Ниной. Золотой человек, в тот момент не было ближе, чем она. Вспоминаю её по сей день. С мужем у неё не было детей, а от нашей связи родился Серёжа. (Об этом расскажу позже.)

Однако я чувствовал потребность остепениться. Один мой знакомый рассказал про свою сестру и предложил с ней встретиться. Еврейская девушка Стелла понравилась мне. Видимо, я ей тоже. Она была моложе на десять лет, училась на курсах английского языка.

Мы поженились. Свадьба, довольно скромная, в снятой по сему торжественному случаю столовой, состоялась 31 декабря 1959 года.

В начале совместной жизни снимали комнату, потом купили кооперативную квартиру в Измайлове.

В 1961-м родился сын Гриша.

Жили мы вполне нормально. В Лефортовской тюрьме я зачитывался литературой — благо библиотека была замечательная, начиная с двадцатых годов пополнялась конфискованными книгами арестованных «врагов народа». Со слов тюремного врача, она, пожалуй, не уступала «Ленинке», а в чём-то превосходила. Так вот, там я познакомился с творчеством немецкого поэта и писателя XVIII века Вильгельма Гейнзе: «Ардингелло и блаженные острова». Понравившиеся, поразившие строчки я записывал. Накопилось много чего. У Гейнзе прочёл: «Кто даже свободным входит в дом деспота, остаётся там рабом». И далее: «Высшая мудрость творения, может быть, в том, что всё в природе имеет врагов; это возбуждает жизнь!» «Человек, не тревожимый ничем, становится вялым и предаётся бездействию. Лучше, чтобы что-то всегда его пробуждало от спячки». Там же наткнулся на рассуждения о браке: «Неужели брак — навечно приобретённое право? Равенство позволит по-настоящему строить взаимоотношения и завоевать любовь в постоянном совершенствовании, а то часто взаимоотношения превращаются в подобие собственности и даже в какой-то мере насилия. Исходя из чувства приобретения, нет стремления к совершенствованию. Вечное владение располагает к притуплению чувств».

И ещё об одном эпизоде — о том, как меня пытались сделать членом коммунистической партии.

Начальница отдела кадров — парторг Москульттторга — заговорила со мной о вступлении в ряды КПСС. Директор крупного магазина и беспартийный... Нехорошо... Вся моя предыдущая жизнь никак не способствовала идее влиться в ряды коммунистов, скорее наоборот. Я критически относился к власти.

В ответ на предложение парторга я дал обещание подумать. Шли недели, я отмалчивался, не проявлял никакой инициативы в этом направлении. Однажды состоялся разговор с директором торга. Иван Семёнович Гаврасов — выходец из сельской местности, статный красивый мужчина, кровь с молоком — хорошо ко мне относился. «Будешь вступать в партию, подумай, нет ли пятен в твоей биографии?» — словно невзначай обронил он. Я пожал плечами — вроде бы ничего такого. «Даже на солнце есть пятна», — резюмировал директор.

Больше к этой теме мы не возвращались. Так я, к счастью, так и остался беспартийным.

* * *

Из тех лет, подёрнутых туманной дымкой, вспоминается одна встреча, оставившая на сердце маленький рубец разочарования. Осенью 1969-го я отдыхал в доме творчества писателей в Гаграх. Среди писателей я отдыхал не впервые. Честно сказать, в массе своей особого впечатления на меня они не производили. Я даже сочинил двустишие: «Вижу членов я союза, но не видно с ними Музы».

Там я познакомился и близко сошёлся с Евтушенко.

Его стихи и он сам были на слуху. Песня Колмановского на его слова «Хотят ли русские войны?» постоянно звучала по радио и на телевидении. Интересно, что бы Евгений Александрович сочинил по этому поводу сегодня?

Он охотно общался, интересовался моей жизнью, читал мне рассказы Бабеля, иногда целые отрывки наизусть. На несколько дней уехал в Москву: как объяснил, «воевать с издательством за тираж» — выходила его поэтическая книга «Идут белые снеги…» Помню, как со смехом рассказывал дошедший до него эпизод встречи Хрущёва и Джавахарлала Неру. Индийский лидер якобы интересовался Евтушенко и спросил Никиту Сергеевича, сидел ли известный поэт в тюрьме. «Нет, не сидел». — «А зря. Если бы познакомился с тюрьмой, сочинял бы лучше».

Годом раньше поэт оказался в опале. В конце августа гневно и пафосно написал по поводу вторжения советских войск в Чехословакию. Крамольные стихи ходили в самиздате, транслировались по враждебным «голосам». Я иногда ловил по приёмнику «Голос Америки», в эфире и услышал и запомнил первое четверостишие:

Танки идут по Праге
в закатной крови рассвета.

> Танки идут по правде,
> которая не газета.

Тот же «Голос» тогда сообщил: двенадцать коллег поэта написали письмо Брежневу с требованием лишить Евтушенко советского гражданства.

Опала, впрочем, продолжалась недолго. Заграничный паспорт остался у Евтушенко, и вскоре он совершил путешествие по Южной Америке, потом заехал на Байкал и двинулся во Вьетнам. Об этом он сам рассказывал мне на прогулках вдоль моря.

В конце нашего пребывания в доме творчества мы обменялись телефонами и обещали звонить друг другу и продолжить общение.

А в самые последние дни произошло вот что. Во время прогулки по набережной Евтушенко окликнул незнакомый мне мужчина высокого роста, с надменным чиновничьим лицом. Женя, как он просил меня его называть, буквально бросился к нему, оставив меня в одиночестве. Кто это был, я так и не понял. Женя и «чиновник» продолжили прогулку чуть ли не под руку, Евтушенко напрочь забыл обо мне, словно меня и не было…

Спустя несколько месяцев мы в машинах случайно остановились рядом на перекрёстке, поджидая зелёный свет. Оба опустили боковые стёкла.

— Чего ты не звонишь, не заходишь? — спросил я.

Ответ огорошил:

— А мне часы не нужны…

Я понял, что имею дело с фальшивой личностью.


Описывая этот эпизод, я решил познакомиться с отзывами о Евтушенко-поэте и человеке. И вот что прочёл.

Литературный стиль и манера Евтушенко давали обширное поле деятельности для критики. Его часто упрекали в пафосной риторике и скрытом самовосхвалении. Так, в интервью 1972 года, опубликованном в октябре 2013 года, Иосиф Бродский крайне негативно отзывался о Евтушенко как о поэте и человеке.

«Евтушенко? Вы знаете — это не так всё просто. Он, конечно, поэт очень плохой. И человек он ещё худший. Это такая огромная фабрика по воспроизводству самого себя. По репродукции самого себя. ... У него есть стихи, которые, в общем, можно даже запоминать, любить, они могут нравиться. Мне не нравится просто вообще уровень всего этого дела».

Андрей Тарковский, прочитав «Казанский университет», в своих дневниках писал: «Случайно прочёл... Какая бездарь! Оторопь берёт. Мещанский авангард <...> Жалкий какой-то Женя. Кокетка <...> В квартире у него все стены завешаны скверными картинами. Буржуй. И очень хочет, чтобы его любили. И Хрущёв, и Брежнев, и девушки...»

Так что не случайно он абсолютно хамски, пренебрежительно бросил фразу насчёт часов, в которых не нуждался. Бог ему судья...

Я посвятил Евтушенко такие стихи:

> Исчезнул из «Юности» твой горизонтик,
> Газетным «Трудом» ты раскрыл себе зонтик.
>
> И грозы не страшны на крыше КАМАЗа,
> Но много поэтов у нас верхолазов.
>
> Вот если б тебя, как других, посадили,
> Не чистил ты б горло словесною пылью.
>
> А Неру был мудр, ценитель и критик,
> Никита не вник — недалёкий политик.
>
> Вьетнама и Кубы коснулся в поэзии,
> Но модно сейчас сочинить про Родезию.
>
> ЮАР не забудь и героев Анголы,
> И можешь немного коснуться Спинолы...
>
> Качели повисли в одном положении,
> О греках скажи — об их самосвержении.

## НАМ НЕ ДАНО ПРЕДУГАДАТЬ...

Да, время не то — ни к чему отвлекаться,
Ни чехов касаться, ни равенства наций.

А Кипр, Израиль, Египет, Корея...
О женщине русской как можно скорее.

И вовсе не бойся во фронде признаться...
За созданный образ готов я сражаться.

Горящий Вьетнам и кубинские горы —
Мне ближе твои «браконьеры» с Печоры...

С восторгом тебя принимала Америка,
Ты многих девчонок довёл до истерики.

А как ты писал, распинаясь, про Чили,
Как будто с Нерудой тебя выносили.

Ещё ты не памятник — жми на педали,
Чтоб премию Нобеля всё-таки дали.

В вине будь воздержан, полнеть не старайся,
Пинг-понгом и морем сильней увлекайся.

А если наступит затишье в заказах,
Про Бабеля вспомни из ранних рассказов.

Ты вспомни себя, молодого Евгения,
Когда ты мечтал стать в поэзии гением.

И музыка нот той поры поэтичности
В разрез прозвучит твоей публицистичности.

Но время назад к нам не возвращается,
И слава за деньги не покупается.

*1973*

# С Арбата — в «Лефортово»

Завершался 1971-й. Предпоследний его день был для меня отмечен катастрофой, хотя вроде бы ничто её не предвещало.

...30 декабря утром в моей квартире раздался телефонный звонок. Семья готовилась к празднику, Стелла и Гриша украшали ёлку, я собирался на работу, чтобы поздравить с наступающим Новым годом небольшой дружный коллектив магазина часов. Незнакомый человек, представившийся сотрудником КГБ, приглашал явиться по такому-то адресу в следственный отдел, добавив: «Явка обязательна. Не опаздывайте. Найти легко. Это в помещении Лефортовской тюрьмы».

Мало сказать, удивлён — я был ошарашен. В такой день и явиться к следователю? С какой стати, по поводу чего?

Впрочем, одна догадка буравила мозг. Около двух месяцев назад меня вызвали на Лубянку, некий следователь повёл странный разговор о работниках Ювелирторга. Никаких связей с ними у меня не было, о чём я и сказал следователю.

Следователь ещё долго допытывался, знаю ли определённых людей, и называл фамилии. Я никого не знал.

Он попросил меня сообщать, если кто-то из перечисленных лиц выйдет со мной на связь. В общем, предложил «стучать». Чтобы не злить его категорическим отказом, я просто молчал. На том и расстались.

Неужто экстренный вызов в КГБ накануне праздника является продолжением того разговора?

В условленный час я предстал пред очи пятерых (!) сотрудников следственного отдела. Меня усадили за большой стол, эти пятеро стояли, словно сторожили меня. Мне дали лист бумаги и ручку.

— Пиши чистосердечное признание!

— Какое признание? В чём?

Мне начали излагать версию следствия, которое, оказывается, ведётся давно против двадцати работников московского завода «Кристалл». Меня обвиняли в том, что я приобрёл бриллиант в один карат у некоего Лебедева. На меня, оказывается, дал показания именно он. Я с Лебедевым когда-то работал в Ювелирторге.

Я всё отрицал. Моё «дело», похоже, шилось белыми нитками. Следователи не отступали. На многие вопросы я отвечал односложно: «не знаю», «не помню». Следователи злились: «Так ты не знаешь или не помнишь?»

Допрос продолжался несколько часов. Завершился он тем, что мне объявили об аресте и отправили в камеру. Это был удар ниже пояса. Позвонить домой не дали, про адвоката не было и речи.

Камера оказалась одиночкой. Я машинально вынул из валявшегося в углу веника несколько прутиков и соорудил жалкое подобие ёлки. Так я встретил 1972-й.

Кроме всего остального, было обидно прекратить учёбу в Московском заочном институте советской торговли. Я учился уже на третьем курсе. Забегая вперёд, советского диплома о высшем образовании я так и не получил. Признаться, впоследствии вовсе не горевал по сему поводу.

После моего ареста чекисты в квартире произвели обыск. В результате, не найдя ничего компрометирующего, забрали серьги жены, подаренные ей её отцом, и некоторые другие её украшения. Забрали американские сигареты, которые я, некурящий, держал для подарков курящим друзьям, а также аппаратуру, включая магнитофон, проигрыватель, приёмник западного производства — предмет зависти многих советских людей, и чекистов в том числе. Больше этой аппаратуры ни жена, ни я не увидели.

Итак, меня ждала одиночная камера. Здесь я провёл несколько дней. Потом меня перевели в обыкновенную камеру на трёх заключённых. Запомнилась дикая жара, обрушившаяся на Москву летом. За решётку доходили неутешительные сведения — столица стонала и изнывала. В Подмосковье и близлежащих областях горели торф и валежник, в результате чего огромную территорию накрыло облако удушливого смога. В камере не хватало воздуха, дышать было нечем. Это были страшные недели...

...Текли дни и ночи, и всего набежало их шестьсот сорок два. Более полутора лет в тюремных камерах по сфабрикованному против меня «делу». Допросы, допросы... Безуспешные попытки «расколоть» меня, заставить дать ложные показания на других.

Несколько слов о «Лефортово».

Тюрьма была основана в 1881 году как военная тюрьма для содержания нижних чинов, осуждённых на небольшие сроки. Неоднократно перестраивалась и достраивалась. По данным за 1920 год, тюрьма именовалась «Московская Лефортовская тюрьма-распределитель». С 1924 года она стала изолятором специального назначения. В нём содержались в основном осуждённые на десять лет строгой изоляции, применённой к ним взамен расстрела.

В 1935 году «Лефортово» была превращена в тюрьму для подследственных. Во время «большого террора» тюрьма широко использовалась НКВД как место пыток при проведении допросов.

С 1954 года по 1991 год тюрьма являлась следственным изолятором КГБ СССР. В ней содержались во время следствия многие известные советские диссиденты.

Здесь есть большая библиотека, в основном состоящая из книг, конфискованных у арестованных во время домашних обысков.

Тюрьма «Лефортово» была и остаётся главной в системе госбезопасности. С началом войны в Украине узилище играет ключевую роль в операциях ФСБ — от репрессий против правозащитников и учёных до тайных чисток аппарата ФСБ и содержания пленных украинцев.

НАМ НЕ ДАНО ПРЕДУГАДАТЬ...

Справедливости ради стоит упомянуть, что большинство тех, кто когда-то сидел в «Лефортово», признают: это, наверное, одна из редких советских тюрем, которая по бытовым условиям соответствует нормам Европейской конвенции по правам человека.

Лефортовский вал за Немецкой слободкой
И дух Катерининских царских времён.
Чекист-большевик походкою лёгкой
Спешит в исторический свой гарнизон.

Церквушка стоит, вся в сиянье играя,
Заутреню бьёт колокольный язык,
А мимо церквушки, шаги ускоряя,
Спешит на работу чекист-большевик.

Он будет сегодня с врагами бороться,
Полста позади, а ему нипочём,
Откуда берутся, которым неймётся
Глушить юридическим их кирпичом.

В тридцатых, как блох, их передавили,
Остались «винты» только с нужной резьбой,
Откуда опять вы теперь привалили?
Вы проситесь сами на новый разбой.

Весь в мыслях своих он идёт, рассуждая,
И будет безжалостно этих крошить.
Извилин не надо, дорога прямая,
А там коммунизм — надо только дожить.

*1972*

Несколько слов о внутреннем распорядке. Подъём — в шесть утра, отбой — в десять вечера. Спишь с включённым светом, накрывать голову на железной койке нельзя. Я подстилаю на железо зимнюю одежду, чтобы чуть мягче спать.

В течение дня — часовая прогулка. Трёхразовое питание, раз в месяц — передача от родных, пять килограммов, можно пользоваться ларьком на десять рублей в месяц. В ларьке — нескоропортящиеся продукты, в том числе сухая колбаса. Масло заключённые держат в воде.

Начальник тюрьмы полковник Петренко — колоритная личность. По рассказам бывалых зэков, воевал с немцами в артиллерии, потом учился в Военно-политической академии, после спецподготовки двенадцать лет — следователь КГБ, а с 1966-го — начальник «Лефортово». При нём началось благоустраивание тюрьмы: в бане появилась немецкая плитка. Зэки не поверили, что эта баня — для них, а не для начальства. В баню водили раз в неделю и в этот же срок меняли простыни.

В 1972-м стали разрешать после подъёма заправлять койку и ложиться. Петренко ввёл обязательное в обращении надзирателей к заключённым «доброе утро» при подъёме и «спокойной ночи» при отбое.

С ним лично я познакомился при следующих обстоятельствах. Высокий, с седыми висками, полковник в папахе в сопровождении доктора-женщины и ещё одного сотрудника заходит в нашу камеру и опрашивает, за что сидим. Я отвечаю третьим, последним: «Ни за что». Петренко говорит: «Ни за что — это до пятьдесят третьего. А сейчас таких случаев не бывает, — и добавляет: — Знаете охоту на волка? Так вот, вас обложили красными флажками...» (Я в тот момент подумал, что все мы накрыты одним большим красным флагом.)

Больше один на один я с начальником тюрьмы не встречался.


Одно воспоминание. Когда я уже вышел на свободу и с друзьями отмечал в ресторане гостиницы «Россия» свой день рождения, то в вестибюле случайно встретил одного из группы следователей по фамилии Бакланов. Мы узнали друг друга. Усмехнувшись, я говорю: «Полицейские и воры», а он: «Ну что ты? Я не полицейский, а ты не вор», — и приглашает к своему столу...

НАМ НЕ ДАНО ПРЕДУГАДАТЬ...

На суде, длившемся несколько месяцев, я узнал много нового и интересного. Оказывается, ещё в начале 1971 года КГБ взялось за расследование первого в своей истории «бриллиантового» дела. Началось оно с того, что в марте в аэропорту «Шереметьево» при попытке провезти контрабанду был задержан некий Борис Глод. Таможенник, досматривавший вещи Глода, обратил внимание на кольцо на его руке, подозрительным образом повёрнутое бриллиантом внутрь ладони. При более тщательном осмотре выяснилось, что кольцо это было грубой подделкой и служило футляром для большого бриллианта в два карата. Поскольку утечка драгоценностей предполагалась за границу, за раскрутку дела взялся следственный отдел КГБ.

От Глода ниточка потянулась к ювелирной фабрике возле «Детского мира», что на площади Дзержинского, где была выявлена целая группа расхитителей. В июле арестовали начальника цеха ювелирной фабрики Прошина, который вскоре сдал ещё одного подельника — размётчика алмазов Копылова. Тот на первом же допросе честно признался, что да — воровал, и даже рассказал о домашнем тайнике, где хранились восемь бриллиантов. Старший лейтенант КГБ Добровольский отправился с обыском по указанному адресу. Однако в том месте, о котором говорил Копылов, никакого тайника обнаружено не было. Копылов явно мухлевал, пытаясь сбить чекистов со следа. Но Добровольский не поленился и лично облазил двухкомнатную «хрущобу» в поисках тайника. Его старания были вскоре вознаграждены. Он обратил внимание, что одна из кафельных плиток в ванной слегка смещена в сторону. Словно её вынимали, а потом не так поставили. Взяв у хозяйки зубило, он сковырнул плитку, но ничего под ней не обнаружил. Тогда Добровольский пару раз стукнул зубилом по бетону и нашёл то, что искал, — тайник, в котором оказался спрятанным чёрный стаканчик с крышкой. В нём находились не восемь, а целых семьдесят семь бриллиантов!

Но это было только начало. На следующий день обыск был продолжен, причём теперь в квартире Копылова работала целая бригада «поисковиков». Поскольку Копылов отказался добровольно назвать места всех своих тайников, чекисты вынуждены были искать по всей квартире. И нашли-таки все загашники, в которых хранились ещё сто четырнадцать бриллиантов от одного до трёх каратов. Когда их предъявили Копылову, он окончательно сник и начал давать чистосердечные показания. На их основе аресты расхитителей продолжились. Они длились почти весь август. В итоге в сети КГБ угодили двадцать обвиняемых, и сто (!) человек были выделены в качестве свидетелей, причастных к этому делу.

Среди обвиняемых я, похоже, оказался единственным, никак не связанным с группой расхитителей. Мне это, впрочем, мало помогло.

В общей сложности было изъято шестьсот бриллиантов. Причём находили их в самых неожиданных местах. Например, один из расхитителей социалистической собственности умудрился сделать заначку... в могиле своей бабушки на Кузьминском кладбище. Другой закатал бриллианты в пластилиновые шарики и приклеил их к стенке в шахте лифта. Кроме бриллиантов, были изъяты и деньги — порядка пятисот тысяч рублей, что по тем временам было суммой колоссальной. Причём если в прошлые уголовные дела, которые вело КГБ, у расхитителей отбирали по три-четыре тысячи рублей, иногда — по десять, то здесь после одного из обысков нашли сразу сто тысяч!

О «бриллиантовом» деле доложили лично Андропову, который заинтересовался им настолько, что попросил продемонстрировать ему и его заместителям всё изъятое. «Выставку» решено было провести в кабинете одного из помощников Андропова. Там на широком столе расстелили чёрный бархат и разложили на нём драгоценности. Когда руководители КГБ увидели этот «клондайк», у них глаза полезли на лоб. Ещё бы, такого количества драгоценных камней и золотых изделий они отродясь не видели (среди этого добра была одна цепочка, длина которой составляла пять метров!).

Среди арестованных и ожидающих приговора работников завода был парторг предприятия, взяток и подношений он не брал, слыл честным коммунистом. И был, как бельмо на глазу, у воровавших бриллианты. Они решили его «обратить в свою веру». Парторг обожал хоккей. В качестве подарка на день рождения ему подарили булавку на галстук в виде хоккейной клюшки, а в середину незаметно вмонтировали бриллиант в один карат. Парторга арестовали. В «Лефортово» он сочинил стих: *«Сели методом квадратным и квадратно-гнездовым все с понятием превратным девяносто третьей прим»* (имелась в виду уголовная статья 93-1 «Хищение социалистической собственности в особо крупных размерах»).

## Необходимое разъяснение

Заглядывая чуть дальше, отмечу: все члены «двадцатки» были в итоге осуждены и получили разные лагерные сроки. Среди этих двадцати я был единственный еврей. Так как это «бриллиантовое» дело было первым у КГБ, то приговоры были, как говорится, «не смертельные». Но вот спустя семь лет фигурантам новой, самой крупной «бриллиантовой аферы» за всю историю СССР, раскрытой на смоленском заводе «Кристалл», не повезло. За хищения драгоценных камней в крупных размерах в составе организованной группы, нарушение правил о валютных операциях и спекуляцию валютными ценностями при отягчающих обстоятельствах четверо были приговорены к смертной казни.

Не стану комментировать зверские приговоры — история уже дала им оценку как крайнюю жестокость советского государства в отношении граждан, нарушающих идиотские, подлые законы о т. н. валютных операциях.

# Сокамерники. Библиотека

Пробыв после ареста в «одиночке» несколько суток, я был переведён в другую камеру, где сидело двое или трое — точно не помню, стёрлось из памяти. Я был неопытен в этих делах, однако быстро понял: откровенничать ни с кем не стоит, сосед может оказаться «наседкой», специально подосланным для выведывания моих тайн. Впрочем, тайн никаких не было, так что для «наседки» я мог оказаться неинтересным персонажем.

В какой-то момент в камере мы оказались вдвоём — я и человек, признавшийся, что всё рассказал следователю. Далее шла какая-то незамысловатая криминальная история. Подобной откровенности человек ожидал и от меня. Что-то наверняка я ему поведал, но что? Я ничего такого про хищение бриллиантов с завода не знал.

Сосед периодически исчезал на пару дней, говорил, что вызывался на медицинские процедуры, я же почувствовал неладное и замкнулся.

Меня дёргали на допросы, выспрашивали про некоего Иванникова. Я хорошо знал его ещё по Ювелирторгу, откуда он перешёл на работу во Внешторг, ездил по заграницам, осуществлял внешнеторговые операции, связанные с алмазами. Как я понимал, он не был арестован, на него собирался компромат. Следователь интересовался, известно ли мне что-либо о подарках иностранцев Иванникову: скажем, изделия с бриллиантами, дорогие золотые часы, доллары. Я молчал. Стукачом не был и про подарки, которые легко можно превратить во взятки, ничего не знал, а если бы и знал, то не выдал бы доброго знакомого. Следователь нажимал, грозил, сулил сокращение срока, если дам нужные показания. Я упорно молчал.

...Уже выйдя на свободу, встретился с Иванниковым, к счастью, избежавшим тюрьмы. Он сам меня нашёл и поблагодарил: «Ефим, как тебе удалось меня не сдать? Как хватило сил? Наверняка „следоки" давили, очень уж им хотелось меня засадить...»

Моя совесть чиста — я никого не сдал. И мне нечего было скрывать.

Обитатели камеры менялись, попадались бандюги, но редко — короткое время я сидел с крупным жуликом, грузином, переведённым из Бутырской тюрьмы, где он всех подкупил. Всё-таки публика в «Лефортово» была иная, в основном диссиденты, «враги советской власти», крупные торговцы наркотиками, расхитители социалистической собственности. Кстати, о Бутырке. Рассказывали как анекдот: там снимался фильм про нацистов, так вот один арестант тайком передал нашему актёру, игравшему офицера гестапо, список камер, где сидели евреи. До сих пор не пойму: то ли так шутил, то ли всерьёз.

Познакомился я с наркодилером по кличке Антибиотик. Он и его подельники транспортировали наркоту в Москву и крупные города из Средней Азии. Курьеров арестовывали, те сдавали главарей мафии. Так Антибиотик оказался в «Лефортово». Обладал он огромными связями, но, похоже, играл двойную роль, иначе как объяснить, что вскоре оказался на свободе — не обошлось, видать, без дружков из КГБ.

Незабываемая встреча произошла с Красновым-Левитиным, писателем, участником диссидентского движения в СССР. Глубоко религиозный человек, он, по его словам, ранее примкнул к обновленчеству. Несколько раз попадал в узилище. Рассказал: в 1949-м был приговорён к десяти годам заключения за то, что в частном разговоре назвал Сталина «обер-бандитом». В 1956 году был реабилитирован. Один раз в неделю устраивал в своём доме «журфиксы», куда мог прийти любой желающий. На них он в основном рассказывал о своей жизни, а также вёл политические беседы о положении в СССР, сообщал новости о диссидентах, объяснял основы православия.

Естественно, снова был арестован и приговорён к трём годам лишения свободы за статьи в зарубежной прессе в защиту опального советского генерала Петра Григоренко и диссидента Владимира Буковского.

Он много говорил о религии, я слушал и запоминал. «Я верующий христианин. А задача христианина не только в том, чтобы ходить в церковь. Она заключается в воплощении заветов Христа в жизнь. Христос призывал защищать всех угнетённых. Поэтому я защищал права людей, будь то баптисты или крымские татары, а если когда-нибудь станут угнетать убеждённых антирелигиозников, я стану защищать и их...»

Я поинтересовался, что такое *обновленчество*, упомянутое моим собеседником, а вернее, просветителем. Вот что понял из объяснений Краснова-Левитина. Обновленчество — это раскол в церкви. Многие из деятелей обновленческого раскола были люди достаточно искренние в отношении ожиданий положительных изменений в жизни страны в связи с приходом большевиков. Распространялись идеи христианского социализма, и некоторые священнослужители действительно этим увлекались. Но так называемый социализм, который начали строить после октябрьской революции 1917 года, тотчас же показал своё звериное лицо, и у большинства людей уже не осталось никаких сомнений относительно его природы. Потому идеи обновленцев не получили широкого распространения...

Я читал Краснову-Левитину свои первые стихи.

Да, сокамерниками оказывались разные люди. Например, 18-летний парнишка Шурик Разиньков. Он обвинялся в убийстве нескольких солдат своей роты по причине «дедовщины». Бежал из части с товарищем, прихватив автоматы и документы. На шестой день их схватили. Шурик поведал историю своей короткой жизни. Родился в Грозном. Отец его — ингуш — с семьёй не жил, мать с тёткой переехали в другой город. Учился Шурик плохо. Вместо пионерского галстука надевал под рубашку цветную косынку, и в классе ему подражали. В 14 лет он начал вольную жизнь, связанную с воровством и грабежами. Не боялся получать удары и мог также спокойно наносить их сам. В то же время увлекался игрой на гитаре, пел, знал много современных песен. Считает себя хиппи, до тюрьмы носил длинные волосы. Его девиз: «Мне нужна не социальная, а сексуальная революция». С женщинами знаком не понаслышке. Пьёт чифирь — крепчайшей заварки чай, своего рода наркотик. Читая «Дети капитана Гранта», искренне переживает все перипетии повествования, от души смеётся над рассеянностью Паганеля.

Понимал ли, какой приговор его ждёт? Темы этой в разговорах он избегал, а я не касался. Я подарил Шурику часть своей одежды...

В тюрьме каждое письмо от родных и близких ценится на вес золота. Я тоже получал такие весточки, особенно радовался, видя знакомый почерк жены. И благодарил за передачи продуктов. Колбаска, печенье, фрукты, травка — всё замечательно. Но вот соседу прислали сало. С точки зрения практической помощи — это вещь! В душе даже зародилась обида за несообразительность Стеллы, но только на мгновение.

В ответ я поблагодарил жену, передал привет родственникам и друзьям. И добавил: «Немало месяцев я разлучён с вами. Но духовные силы мои не на исходе. Я чувствую себя сильнее, чем прежде, и если раньше передо мной страшным пугалом стояло КГБ, то теперь выглядит чучелом огородным, оно, чучело, достойно своего народа, лучшего народ этот не заслуживает.

За это время я видел много разных разностей. Первые месяцы просидел с двумя наседками, которые круглосуточно пытались всякими способами, от угроз до прямой дезинформации, подорвать веру в мои силы и заставить нести всякую чушь, чтобы КГБ могло защитить честь мундира, раздув моё „дело“. Ясно, что ждать справедливости трудно, но бороться необходимо. Так что прошу тебя, дорогая Стеллочка, меньше переживать...

В тюрьме однотонны только стены камер, внутри же камер бушуют бесконечные душевные бури людей виновных и невиновных. Даже виновные и те несут бремя слишком несправедливого наказания. Во многих преступлениях в первую очередь повинно само государство...

*Я хочу знать, играет ли Гришутка в теннис, плавает ли хоть немного, на сколько он вырос, какой размер обуви носит? Что учится средне, это я понял из предыдущего письма...»*

«Благоразумен тот, кто не печалится о том, чего не имеет, но радуется тому, что имеет».

«Если ты даже наедине с собой, не говори и не делай ничего дурного. Учись гораздо более стыдиться самого себя, чем других».

Это близкие мне высказывания древнегреческого философа Демокрита, которые я прочёл в книге, взятой в тюремной библиотеке.

А ещё запомнились поэтические строки Байрона, отвечавшие моему тогдашнему умонастроению и взглядам.

> Я всякой тирании враг заклятый,
> Хотя бы и царили демократы.

А это уже моё:

> Мы диалектику учили все по Сталину,
> Бряцанием оков она впивалась в нас,
> Тогда евреи в сердце были ранены,
> Хотя не любят нас в народе и сейчас.
>
> *1973*

В «Лефортово» благодаря усердному чтению я как бы перешёл на заочный факультет «Историческая литература» вместо основ марксизма-ленинизма, преподававшихся в заочном институте советской торговли, где я учился перед арестом и который мне не дали закончить.

* * *

Теперь о самой библиотеке.

Я сам однажды услышал фразу тюремного доктора: «У нас в „Лефортово" немало книг, которых в „Ленинке" не найдёшь...» Доктор-женщина удостоилась прозвища «Ильза Кох».

Чем уж она походила на нацистку, садистку, жену коменданта лагеря Бухенвальд, я не знаю. Вряд ли тот, кто дал ей такое прозвище, сам мог ответить на этот вопрос. Приговорённая к пожизненному заключению, Ильза Кох повесилась в камере в 1967 году. Самое любопытное: в Википедии сказано, что она некоторое время работала в Бухенвальде... библиотекарем. Надо же, такое совпадение!

Я с детства любил книги. Чтение увлекало, пополняло мои знания, рождало новые эмоции. Две книги, прочитанные в разное время, вызвали у меня слёзы. Это повесть «Рыжик» Свирского и роман Веркора «Молчание моря». Санька, герой повести «Рыжик», — круглый сирота. Он живёт на попечении приёмных родителей в деревне Голодаевка, название которой говорит само за себя. Рыжик — добрый и честный мальчик, однако он доставляет окружающим немало хлопот своими шалостями и проказами. Однажды Рыжик встречает бродячего фокусника. Околдованный его искусством, очарованный рассказами о далёких больших городах, мальчик решает увидеть мир собственными глазами и вместе с новым другом покидает родные места. Будет ли его путешествие счастливым?.. Понятно, почему его судьба так меня взволновала — я увидел некое отражение своей судьбы.

Роман французского писателя Веркора стоит в ряду великих книг XX века. В 1942 году он был тайно опубликован в оккупированном немцами Париже и стал одним из символов Сопротивления. Сюжет книги, казалось бы, несложен, однако за внешней канвой событий скрывается поразительная глубина осмысления жизни. Молчание становится для героев, Андре и его племянницы Жанны, способом сопротивления фашистам и в корне меняет немецкого офицера, поселившегося у них в доме.

...Я активно пользовался тюремным библиотечным фондом. Выдача книг довольно специфична. Контакты поставщика и потребителя ограничены. Само обслуживание производится заочно. Возможность заказать литературу (по каталогу, списку) предоставляется заключённым один раз в десять дней (литература также выдаётся на десять дней). Тщательно прослеживается путь книги (ведётся «карточка учёта движения книги», на которой отмечаются фамилии заключённых, даты выдачи и возврата, данные того, кто проверил книгу, результат проверки и т. д.). Сданные читателями книги проверяются на предмет целостности страниц, наличия помарок, подчёркиваний, чтобы не допустить распространения какой-либо информации. Вы представляете, проверкой сданной литературы занимается целый штат сотрудников! Если в «Лефортово» сидят, предположим, сто человек... из них шестьдесят читают книги... в течение десяти дней появляется около тысячи записей, проколов, значков, подчёркиваний и т. д. Как говорится, голь на выдумки хитра!

И вот тут-то срабатывает система отслеживания категорий поведения. По ситуации можно судить, кто заказывает книги, характер книг, частота их заказов, результат заказов. Свойства заказов. Террорист имеет свой знак, маньяк — свой, государственный чиновник-взяточник — свой и так далее. А вроде бы просто — библиотека. Книжки...

...После завтрака я спросил у надзирателя, можно ли получить для чтения книги. Вскоре к моей камере подошёл библиотекарь и подал мне в «кормушку» три книги. Две из них оказались приличными: это были рассказы Шолом-Алейхема и воспоминания Горького о Леониде Андрееве, издательство «Академиа». Потом я узнал, что важным зэкам библиотекарь сначала приносил каталог, а потом выбранные по этому каталогу книги. Чинопочитание и субординация в СССР превыше всего! Даже в тюрьме!

Пользование библиотечным фондом приносило радость и удовлетворение. Я коротал часы за чтением, записывал понравившиеся мысли и изречения. Я впитывал книжную мудрость, пропускал через себя с надеждой: вот выйду на свободу, заново перечитаю написанное и проникнусь настроением самого тяжёлого в моей жизни периода. Дневник был документом, молчаливым, честным, беспристрастным свидетелем.

НАМ НЕ ДАНО ПРЕДУГАДАТЬ...

Библиотека Лефортовской тюрьмы,
Тридцатые годы двадцатого века.
Зарёю кровавой в груди человека
Всё вырвано с корнем, рассеяно в прах,
Рождается новый невиданный страх.
Кипит на поверхности энтузиазм,
А в недрах рождён гениальный маразм.
Печать АКАДЕМИА греков плодит:
Платон, Аристотель, Евклид, Демокрит.
Гомер напечатан, проснулась Рассея,
Но что по сравнению с ней Одиссея?..
А в жизни народа из напики разной
Ежов и Ягода с душой своей грязной.
Но всё позади, лишь в архивах истории
Единство царит нынче в аудитории.
Везде благоденствие, царство елея
Под сводом златого страны юбилея.
И только лишь тенью ушедших времён
В тюрьму каждый том здесь теперь заключён.
На полках тюремных средь пыли и тьмы
Покоятся книги для зэков страны.
Представлены книги, видавшие виды,
Чужие несчастья, разлуки, обиды.
От бывших хозяев из редких собраний
По камерам бродят остатки изданий,
И служат истории напоминаньем
Увядшие книги в тюремном изгнанье.

*1972*

# Встать, суд идёт!

И вот, наконец, пришло время начала судебного процесса над работниками завода «Кристалл» и мной, пристёгнутым к ним. Мой адвокат Марк Кисинижский дал совет: «Меньше говори и сбрей бороду». Я воспользовался советом.

В дни судебных заседаний прокуроров полон зал,
Но судьи я в этом зале, к сожаленью, не видал.

Суд обещал быть долгим — под следствием находились двадцать человек, каждого надлежало публично допросить, выслушать ответы, плюс выступления адвокатов. Я решил описывать происходившее в дневнике, карандашом, мелким убористым почерком заносить в ученическую тетрадку всё наиболее важное, на мой взгляд. Одновременно добавлял просившиеся на бумагу цитаты из прочитанного в камере. Получалось своеобразное чтиво.

Дневник был документом, молчаливым, честным, беспристрастным свидетелем.

Я хочу воспроизвести его в том виде, в каком писался, ничего не меняя, лишь подвергнув текст небольшой стилистической правке и расставив знаки препинания.

...1973-й.

Первое впечатление — места в зале распределены, как в театре, у каждого свой номер. Мой номер — десятый. Не разговаривать, не поворачиваться, не читать. Обстановка, будто находишься во время войны у врагов на допросе, и то если взять описания в плохих детективах. Реплика секретарши: «...скоро впустят адвокатиков».

Судят нас в здании клуба КГБ тюрьмы «Лефортово». Возят машиной, всего одну минуту.

За лишний поворот головы я получил «последнее предупреждение», а процесс ещё не начинался. Секретарь суда напоминает породистую немецкую самку: ноги бутылками из-под молока, грудь настолько же впереди, насколько позади жопа, рыжая копна волос. И как светлый луч в окне — мои родные и друзья. Да, после многих месяцев тюремных стен — родные лица.

Судья с бакенбардами выглядит, как истинный судья в дореволюционном суде в хорошем смысле слова. Реплики ребят: «Три года жили хорошо, можно десять посидеть»; «Двадцать лет работал бесплатно, могу и ещё десять поработать». Из двадцати подсудимых восемнадцать русских и два еврея, на жаргоне — «в расколе» все, кроме одного еврея, то есть меня, полностью не согласившегося с выдвигаемыми обвинениями.

Мы сидим в центре зала, каждый обвиняемый при допросе выходит к трибуне. Трибуна загораживает прокурора, я попросил убрать или трибуну, или прокурора.

...Четвёртый день суда. Зачитывают обвинительное заключение предварительного следствия. С каким смакованием судья говорит обо мне... Меня обвиняют в том, что через одного знакомого купил с рук золотое изделие с бриллиантом в один карат. Изделие это якобы было украдено с завода «Кристалл». Этого следователям показалось мало, и они стали навешивать на меня другие «грехи», в основном пользуясь лживыми, полученными под давлением, голословными показаниями уже упоминавшегося Лебедева.

В общем, ничего нового, я всего этого ожидал.

Следователь Сергеев перед посадкой в машину, отвозящую в суд, бросил Лебедеву (а я услышал): «Веди себя умно». Незавуалированный приказ держаться прежних показаний против меня. За несколько дней до этого, во время прогулки во внутреннем дворике тюрьмы, я громко прочитал сочинённое двустишие: «Допрос провёл Вэ Вэ Сергеев, в моём лице он не любил евреев». Находившийся в двух десятках метров вертухай-охранник крикнул: «Повтори, я не расслышал!»

В перерыве один из подсудимых спросил лейтенанта конвоя: «Если бы вашей жене предложили купить бриллиант по дешёвке за десять-двадцать рублей, она бы купила?» — «Да». — «А у нас на заводе они были как семечки».

Кондратов, мой ровесник, с окладистой чёрной бородой, подробно отвечает судье. Можно подумать, выступает герой труда или известный рационализатор по крайней мере. С учётом трибуны, складывается впечатление, что это совещание передовиков производства, а не суд над похитителями бриллиантов.

Вопрос судьи: часто ли бывал в цеху директор завода? Выяснилось — раз в году, когда вручал знамя. А откуда директор? Ответ: «Надо полагать, из КГБ». — «А в производстве он что-нибудь понимал?» Ответ: «Я думаю, нет».

Наконец, Кондратов стал говорить о своём преступлении. Всё началось с сэкономленного алмаза, от сколиков. Бриллианты, по его словам, он похищал бесцельно, замуровывал в стену.

Допрос Лобастова. «Что толкнуло вас на совершение преступления?» — «Обстановка в цеху». — «Кто начал первым?» Ответ я не услышал. И сделал своё умозаключение: вши берутся из грязи, и неважно, у кого первого заводятся, — причина в соответствующих условиях существования.

Возникла тема пьянства, судья её смакует, похоже, сам недалеко ушёл от Бахуса. На производстве трудились семейные пары, это признано грехом, но как же рабочие династии? При поступлении в партию Лобастов дал обещание освоить смежные профессии обточника и резчика (он был огранщик). Что в этом плохого? Чем человек больше умеет, тем лучше. У судьи, кажется, иное мнение, судя по его вопросам.

Лобастов сопротивляется, даёт ответы на вопросы судьи по технологии, которому, как и прокурору, хочется до конца во всём разобраться. Логика в словах подсудимого есть.

Кондратов утверждает, что при любой технологии вырабатывается воровская система. Оба раскаиваются в содеянном, но искренности не чувствуется.

Прокурор Орлов смотрит на дающего показания Сухарева, как удав на кролика. На его физиономии явное удовольствие.

Он оседлал любимого конька: пьянка, пьянка и ещё раз пьянка — вот что толкало Сухарева на преступления.

Адвокатесса говорит, что у прокурора сегодня хорошее настроение. Секретарша суда на правах своего человека поясняет: «У Льва Григорьевича всегда хорошее настроение».

Сухарев говорит: Кондратов ему жаловался, что сам ничего не имеет, и это действительно так, ведь он бриллианты складывал, замуровывал...

После двух выходных суд возобновляется. Я прихожу сюда (вернее, меня привозят), как на работу, какая-то обыденность, или это можно назвать акклиматизацией.

Идёт допрос Лукьянова. Он говорит, что отщипывал сколики (по меткому выражению Мосякина, стал щипачом). Опять же водка. Двое детей, жена часто болела.

Прокурор спрашивает Лукьянова: «Вы в показаниях поблагодарили следствие. Это так?» — «Да». — «А о чём вы разговаривали с Древичем перед арестом?» — «Древич мне сказал, что если будут бить и ты не сознаешься, то тебя могут отправить на лечение в больницу». — «Ну, и вас били?» — «Нет».

Добавлю от себя. Метод этот слишком примитивен. Сейчас бросают в камеру «наседок», те создают определённое настроение, выпытывают у сидящего секреты, запугивают, а если надо, провоцируют на драку...

Показания Протасова боком касаются меня. Выясняется, он абсолютно меня не знает, ни разу не видел, поёт с чужого голоса. У него было хобби — охота. Я бы добавил — он был охотником за камушками.

Любопытная деталь, всплывшая на суде. Прокуратура запросила в Гидрометцентре справку, какой была погода в Москве в 1965 году в октябре-ноябре. Это для подтверждения, что Лебедев приезжал с Протасовым ко мне на работу. Хороши «улики», нечего сказать!..

Идёт допрос Белова, работника Внешторга. Белов — сама история советского алмазного и бриллиантового производства. Находясь на скамье подсудимых (как ни печально моё положение), я в какой-то степени горжусь, что сижу не с профессиональными жуликами, а с рабочими и инженерами, начавшими буквально новую эру, которая выводит страну на более крепкую валютную дорогу.

Судья бросает упрёк Белову: «Что вы упоминаете свою одну несчастную комнату? Вон Гилин имел двухкомнатную, а получил трёхкомнатную квартиру. Есть чем похвастать!» Зависть судейская видна даже в этом, все должны жить одинаково убого и серо...

Прокурор — Белову: «Вы находились за границей в благодушном настроении, а через несколько дней после возвращения благодушие исчезло. Почему? Что, дома хуже?»

Вопрос подсудимому о контроле внешнеторговых операций с бриллиантами. Как контролировать мелкие бриллианты, поштучно? Ответ: тогда надо увеличивать штат в три раза. Если ещё усиливать контроль, то в конце концов страна может превратиться в сплошных контролёров.

Белов занимался торговлей с инофирмами от имени государства, сам же был почти без штанов, не имел по-настоящему коммерческой жилки. Следователи вытащили на свет инофирму «Оскар Гордон», она покупала бриллианты и изумруды. Хозяин-еврей жил в Швейцарии, держал магазин. Фирма привозила с собой сувениры, которые вручала во время переговоров. Другая фирма — «Топфер» (США) — раскладывала подарки по пакетам для каждого человека с указанием, кому принадлежит подарок. Работники Внешторга также угощали фирмачей и дарили им сувениры. Узаконенная практика! Белов получил в подарок от Гордона кольцо 0,20 карата для дочери. Ему вменили это в вину как получение взятки.

Белов согласился, что нарушил инструкцию Министерства внешней торговли, согласно которой обязан был подарок сдать. Судья пояснил: кольцо надо было сдать председателю внешнеторгового объединения, тот бы отдал это кольцо вам на время, чтобы дочь надела и показала Гордону, а потом сняла и вернула в объединение. Судья сказал буквально следующее: «Когда нам инофирмы делают подарки и их утаивают, то это взятка, а когда мы делаем подарки иностранцам, то это сувениры». Потрясающая логика!

Судья изучает записку Топфера, американского бизнесмена, он подарил Белову бусы-колье, и это инкриминируется тому как взятка.

На «трибуне» Валерий Боев. Конкретно по обвинению он говорит: «Если бы лесник попросил человека спилить деревья и человек выполнил эту работу, а лесник из спиленного леса построил дом и продал его, то привлекли бы к суду обоих. Переводя на нашу тему, человек спилил верхушку алмаза и за размер вышедшего из этого алмаза бриллианта он может понести ответственность».

Даёт показания Буянов. Молодой парень, додумался спрятать бриллианты под гробом бабушки. К нему вполне подходит выражение «простота хуже воровства». Его раскололи «наседки».

### Частушки на мотив «Ярославские ребята»

Ой, московские ребята,
Все с завода вы «Кристалл»,
Не хватало вам зарплаты —
Всяк брильянты добывал.

Все алхимики планеты
Лопнут с зависти сейчас,
Как со скоростью ракеты,
На заводе рос алмаз.

Отданы судьбе-злодейке,
Ваши души — в КГБ,
Все уселись на скамейки,
Друг на друга вы в злобе.

ЕФИМ ГИЛИН

А размётчик ваш Кондратов
Всё брильянты собирал,
Он задумал сделать в хате
Склад завода — филиал.

Благодарность Добровольский
От Лубянки получил.
Тех, кто встал на путь сей скользкий,
Ловко он перехитрил.

А начальник ваш Протасов
Поборол девятый вал:
Он не прятал под матрасом —
Камни в землю зарывал.

А калиф на час ваш Трошин
Пил шампанское, коньяк.
Был он сильно огорошен,
Что попал в такой просак.

Хромоножка Ибрагимов,
Говорят, лихой джигит,
И дружок его Хаимов —
Глод никем не дорожит.

И торговая машина
Понесла большой урон,
В КГБ сидит дружина
Из внешторговских имён.

Лебедева мне не жалко,
На меня он наклепал,
Спрятал серьги он под балкой...
И потом их сам украл.

На кладбище ветер с воем,
Спят себе покойники.

А у бабушки под горбом
Замерзают тайники.

Для «букета» не хватало
Одного еврея вам,
КГБ вам подобрало,
Сделав в доме тарарам.

За Лукьяновы мытарства
Древич Лёше обещал
Санаторий и лекарства,
Если выдержит «Централ».

К вам свидетелей пригонят
Из самой Америки,
Пусть буржуи вас запомнят
С шуткой, без истерики.

Вас избавили от водки,
Всем здоровье сохранив.
Не приедут к вам молодки,
Поллитровки захватив.

И пускай не огорчает,
Что без вас погибнет цех.
Поколенье подрастает,
Что возьмёт на душу грех.

*1973*

* * *

...Я ещё многое могу рассказать о суде, вернее, судилище, но, думаю, хватит. Скажем, Ибрагимов сообщил, что «следак» Соколов, кстати, разрешал передачи, устраивал свидания, вёл себя с ним панибратски, намекал: «Брось ты жалеть этого жида Глода, гони лишние эпизоды, потом всё уладим». Слишком поздно зэк раскусил эту подлую игру — в итоге его выбросили, как использованный презерватив, и посадили на двенадцать лет.

Лебедеву я при свидетелях говорю: «Суд закончится, небось, признаешься, если мужества хватит, что оговорил Гилина». Отвечает — да, но сейчас судье в глаза смотреть стыдно. (А меня сажать ему, сучаре, не стыдно...)

...На суде дают показания свидетели, в том числе родственники. По-моему, всего около ста человек. Я узнал любопытную деталь. Оказывается, на меня запрашивали сведения в домоуправлении моего жилья в Питере, интересовались мнением обо мне у тёти Нины и тёти Поли, у моего двоюродного брата Володи Дьякова, у руководства Ювелирторга, Роскультторга и пр. Некоторых пригласили на суд. Начальница отдела Роскультторга дала мне такую блестящую характеристику, что судья не выдержал: «Так что, мне ему орден давать?!»

Что касается свидетелей, то позже некоторые признавались: следователи их обманывали, наговаривали на нас напраслину, принуждали давать показания, которые бы устраивали КГБ.

Я был потрясён, когда увидел Елену Петровну, маму замечательной Кати Полянской, о которой я уже рассказывал. Мало им дочери, ещё и больную старуху подлые лубянцы притащили в суд в качестве свидетельницы.

Мой светлый ангел Елена Петровна, как умно и здраво давали вы показания! Но чем они могли мне помочь... Угодило зёрнышко между жерновов. Это про меня.

Жёны обвиняемых дают показания гораздо лучше, убедительнее, чем все предшествующие свидетели и чем их запуганные, замороченные следователями мужья, которые нередко оговаривали других и себя.

\* \* \*

Связь с внешним миром в основном осуществляется посредством чтения газеты «Правда». Ни радиоточки, ни тем более телевизора в камере нет. И вот я читаю в главном партийном издании сообщение, что 27 августа в Москве в помещении Люблинского нарсуда начался судебный процесс по делу Якира и Красина, обвинённых в преступной антисоветской деятельности по ст. 70 ч. 1 УК РСФСР.

НАМ НЕ ДАНО ПРЕДУГАДАТЬ...

Процесс длился без перерыва почти неделю. Чтение обвинительного заключения заняло четыре часа. Якиру и Красину инкриминировалось: составление и подписание, хранение, размножение и распространение многих документов политического содержания, писем-протестов, листовок, а также «Хроники текущих событий»; передача этих документов на Запад через иностранных корреспондентов или иностранных туристов; получение и последующее хранение различных материалов НТС и другой изданной на Западе литературы, квалифицируемой обвинением как антисоветская.

В суде были допрошены многие десятки свидетелей. Был допрошен, в частности, широко известный психиатр Снежневский, который среди прочего заявил, что за весь его пятидесятилетний опыт работы в психиатрических учреждениях не было ни единого случая помещения здорового человека в психиатрическую больницу. Директор Института судебной психиатрии им. Сербского, а затем директор Института психиатрии АМН СССР, этот деятель был хорошо известен диссидентам. Он являлся автором концепции вялотекущей шизофрении, которая широко использовалась в советской репрессивной психиатрии. Лично диагностировал вялотекущую шизофрению у некоторых из них (например, у Владимира Буковского).

В камере со мной сидел молодой человек, высказывавший негативное отношение к власти. Был ли он диссидентом, не знаю, однако в моём представлении был именно таким. Заявление Снежневского возмутило его. «Врёт как сивый мерин! Эти психиатры из любого здорового человека сделают больного. Им по указке Лубянки в радость упечь в клинику с решётками на окнах любого инакомыслящего...» Чувствовалось — говорит сокамерник со знанием дела.

5 сентября в присутствии иностранных корреспондентов была проведена пресс-конференция с участием Якира и Красина. Я узнал из газеты: оба публично покаялись в «антисоветской деятельности» и дали КГБ показания против товарищей. Якир, например, назвал клеветой сообщения о психиатрических репрессиях в Советском Союзе.

75

Сидели оба диссидента в «Лефортово», по соседству, но, разумеется, мы не общались. Мне было ясно — их сломали. В КГБ служили мастера по этой части. В итоге оба выпросили мягкие приговоры: прокурор попросил сократить срок лишения свободы для Якира до одного года и четырёх месяцев, для Красина до одного года и одного месяца, что практически равнялось сроку уже отбытому обоими в тюрьме с момента ареста. Ссылку прокурор просил оставить.

Пётр Якир был сыном крупного военачальника Ионы Якира, расстрелянного по указке Сталина, прошёл тюрьмы, колонии, лагеря. И такой, казалось бы, стойкий человек, *разделявший диссидентские идеи и страстно желавший крушения советской системы, оказался по сути игрушкой в беспощадных руках кэгэбэшников. А Виктор* Красин, сам того не желая, оказался символом самого страшного и непривлекательного поражения: он лишился не только друзей, но и памяти обо всех предыдущих (и последующих) достойных поступках. О нём забыли ещё при жизни, а те, кто помнил, — помнил в основном только плохое.

…Сами понимаете: добровольное признание обоими подсудимыми своей «вины» не улучшило моего настроения во время суда. Я понимал: с советской репрессивной машиной бороться бесполезно. Но признавать свою несуществующую вину в надежде на мягкий приговор я не желал…

…Пока жду судебного вердикта, приглашают из камеры в следственный отдел. Вертухай по пути как бы между прочим говорит, что моя жена такая же наглая, как и я. В чём же её наглость? А в том, отвечает, что всё время старается лишний килограмм яблок в передачу запихнуть. Сука, и это он называет наглостью…

Согласно приговору, меня осудили на шесть лет.

# Лагерь

Итак, моё пребывание в «Лефортово» закончилось. Шестьсот сорок два дня неволи позади. Приговор оказался сравнительно мягким — следователям КГБ не удалось доказать мою связь с работниками «Кристалла», расхищавшими бриллианты.

Отбывать срок наказания (за вычетом, как положено, проведённого в тюрьме времени) меня направили в лагерь. Точнее, в исправительную колонию ИК-4 в городе Вязники Владимирской области. Это был далеко не худший вариант. Относительно недалеко находился лагерь для особо опасных преступников — печально известный «Владимирский Централ». В принципе, лубянцы могли упечь и туда — в отместку за несговорчивость, нежелание закладывать людей, давать на них ложные показания. Слава богу, совесть моя была чиста.

В ИК-4 я вначале занимался изготовлением ящиков. И снова повезло. Сработали московские связи. Выяснилось, что один мой знакомый, бывший фронтовик, находился в приятельских отношениях с однополчанином — начальником колонии. В итоге я получил завидное место на складе, стал ведать выдачей инструмента.

Фрагменты тогдашних записей-памяток.

...Первая суббота, когда я после долгого перерыва предоставлен сам себе. Хотя и с определёнными оговорками. Между стёклами на подоконнике лежат маленькие свёртки — остатки разных продуктов. Светлый морозный день. Одного стекла с внешней стороны нет, и этим воспользовалась птичка с жёлтым опереньем, синичка — клюнула плохо упакованное сливочное масло. Не знаешь, куда и прятать и от кого.

Обогащаю словарный запас лагерной лексикой: «поднялся на зону», «пахан», «ничтяк», «вешать лапшу на уши», «мочить», «западло», «гнать дуру», «кидняк», «голяк», «опустить», «киш-ка», «крутить варганку»…

Вчера отправил письма родным и друзьям, поздравившим с днём рождения.

Встретил знакомого мужика, тот сказал, что я после тюрьмы внешне прихожу в себя, то есть меняется цвет лица.

10 декабря, часов около пяти вечера, появилась огромная медная луна, возникло ощущение, что она прямо висит над деревьями; через час она уже уменьшилась в размерах, превратившись в золотой шар. Неужели природа кажется особенно красивой в неволе? Я с этим не согласен.

Жду писем и очень скучаю.

Мне по наследству достался письменный стол, покрытый куском стекла и армированный проволокой в клетку. Под стеклом лежат открытки с цветами, картинки природы, пейзажи. Всё это смотрится через проволочную решётку. Весьма символично.

В лагере и солнце садится за проволоку…

Вчера, 17 декабря, пришлось стать верхолазом — в мои-то годы лезть на заснеженную крышу скалывать лёд, и лезть не через чердак, а по приставной лестнице, без страховки, и передвигаться по скользкой крыше. Хорошо, что катался на горных лыжах, но всё равно спускаться по приставной лестнице — мандраж. И всё это по приказанию молодого мастера, годящегося мне в сыновья.

…Не было настроения. Какое-то уныние. И всё-таки я благодарен судьбе — за обилие переживаний, за громадную амплитуду человеческого страдания, которые я испытал сам и имел возможность видеть вокруг с детских лет до сегодняшних дней.

Пребывание в Вязниках ознаменовалось ударом под дых, полученным от любимой жены. Стелла прислала письмо о разводе. Не хочу тратить слова и описывать моё тогдашнее состояние. Да, я не был похож на ангела во плоти, однако любил жену, семья для меня много значила — и вот роковое для меня решение, изрядно подорвавшее душевные силы.

И когда? В самый тяжёлый момент, когда требовалась поддержка близкого человека...

Да, прошло два с половиной года, за время разлуки могли произойти различные обстоятельства. Но обвинять меня в изменах, в том, что я никогда не был другом, — это уже слишком, бить лежачего, который не в состоянии за себя постоять.

Конечно, кому нужны жертвы... Встреча с женой, которая увидела меня стриженного наголо, постаревшего, некрасивого, перенёсшего немало страданий, а там, на воле, наверняка галантные ухажёры...

И сами собой полились стихи...

Если не было нежности в сердце твоём,
И его прикрывала обязанность уз,
Делать нечего нам будет после вдвоём,
Я претензий к тебе не имею, клянусь...

*1975*

* * *

Спустя определённое время за хорошее поведение я был освобождён из колонии и переведён на «химию».

Для многих советских осуждённых слово «химия» вовсе не было связано с наукой. В те годы так называли в народе стройки народного хозяйства, куда обычно и отправляли работать некоторых заключённых. Кого же туда ссылали? Почему? Как вообще появилось понятие «химия»?

В стране шло активное строительство. Зачастую рабочих рук катастрофически не хватало. Именно поэтому в шестидесятых годах и были созданы так называемые спецкомендатуры — учреждения, занимавшиеся заключёнными, которые несли наказание с обязательным привлечением к трудовой деятельности. (Какое замечательное сочетание — «спецкомендатура» — так и попахивает фашизмом и оккупацией...)

Поначалу осуждённых направляли на строительство различных предприятий, связанных с химической промышленностью, а также на работу на этих самых предприятиях. По известным причинам условия труда там являлись вредными. В связи с этим и появилось новое разговорное понятие «химия». Руками «химиков» были возведены многие, в том числе крупные объекты советской промышленности.

Несмотря на то что на «химии» тоже существовал определённый режим, подавляющее большинство заключённых стремились туда попасть. Однако не всем это удавалось.

Я попал на автобазу в Покрове и Петушках. Тех самых Петушках, позднее прославленных в великой поэме Венедикта Ерофеева. Я оказался для начальника находкой, так как, опять же по своим связям, доставал в Москве дефицитные запчасти, детали.

...Копаясь в своём архиве, нашёл бумажку, написанную в период работы на автобазе. Привожу её полностью.

*«Нет, это не чудеса! Это будни УПТК (Управления производственно-технологической комплектации). Зашёл к приятелю по какому-то делу и узнаю: пришла машина из Смоленска, привезла метлахскую плитку. СУ отказывается брать, хотя и заказывало. Но хохма не в этом, а в том, что в 50 км от Покрова имеется Кучино, где производится такая плитка. Но нет фондов, зато, почесав ухо левое правой рукой, можно съездить за 300—400 км. И привезти такую же плитку. Она там не дешевле, зато там её удалось пробить. А взять базу, где я работаю... Чего-то до чёрта, а многого нет, и достают „дефицит" про запас хоть на 20 лет. Или просят заводы изготовить запчасти, которые никакого отношения к авто не имеют. Обходится это в копеечку...»*

Прежде я, работник торговли, с производством непосредственно не был связан. На «химии» познакомился и поразился — какой же социалистический бардак!

\* \* \*

Россия, Россия, Россия...
Не помнишь, не ценишь, не чтишь.
Какой сатанинскою силой
Ты в мрачном хаосе стоишь?

## НАМ НЕ ДАНО ПРЕДУГАДАТЬ...

Твой Всадник, поэтом воспетый,
Великим застыл у Невы,
Но нынче другие портреты
Закрыли нам часть синевы.

Он слова у времени просит,
На медных привстав стременах,
Ведь имя случайное носит
Град муки, простёртый в веках.

Я право имею в сужденьи,
Лежит здесь родительский прах,
И след своего в нём рожденья
Оставлю я в этих стихах.

Россия, Россия, Россия...
Не помнишь, не ценишь, не чтишь.
Пред этой нечистою силой
Сама на коленях стоишь!

*1975*

\* \* \*

Я брожу неприкаянный,
Я брожу одинокий,
И поступок отчаянный
Бродит в мыслях морокой.

Всё людское обличие
Потеряло значение.
Где осколки величия
Моего настроения?

Эра благополучия
Отодвинулась в прошлое.
Только глупость дремучая,
Только ненависть пошлая.

*1975*

# ЕФИМ ГИЛИН

\* \* \*

Голубые полосы в золотом багрянце,
Чёрные деревья проплывают в танце.
Силуэты чёрные, а дорога белая,
Ой, судьба-судьбинушка, что со мною сделала?

Серебром блестит вода
За стволами голыми,
И куда летят года —
Из огня да в полымя…

Самодельные антенны
Над приземистыми крышами,
Кровь пульсирует по венам,
Вроде думаем и дышим.

Берёзки порыжели,
Рябинушка пригнулась,
А у зелёной ели
Юбчонка завернулась.

Сиротиночкой лесок
Слышен каждый голосок,
И кругом такая тишь,
Будто в космосе летишь.

# Петров-Агатов:
## пророк-провокатор

Я уже упоминал чувство разочарования, постигшее меня после знакомства с Евтушенко. Судьбе было угодно подвергнуть меня ещё одному серьёзному испытанию, которое вызвало уже не разочарование, а потрясение.

После освобождения я вернулся домой в Москву. Жена, напомню, со мной уже развелась. Я попытался наладить со Стеллой какие-то отношения — ведь подрастал наш сын Гриша, — но ничего не вышло.

Находиться дома я не мог. Друзья дали адрес квартиры человека, работавшего на Кубе и сдававшего жильё. Так я обосновался в Сокольниках, где провёл более полугода.

Я готовил документы для ОВИРа, твёрдо решив эмигрировать. Впервые мысли об отъезде возникли, ещё когда был директором магазина на старом Арбате. Ко мне часто приходили отъезжавшие, прося помочь купить дефицитные часы. Они посещали находившееся неподалёку посольство Нидерландов для получения израильских виз. (Посольства Израиля тогда не существовало, еврейская эмиграция допускалась только по израильским визам, этими делами занимались голландцы.) Однако становиться «отказником» я не хотел, такая перспектива не устраивала.

Мой приятель знаменитый ватерполист Пётр Мшвениерадзе предупреждал: «Будь осторожен. К тебе ходят многие евреи. Тебя могут прослушивать». Петя, завершив спортивную карьеру, получил высшее юридическое образование, преподавал в Академии МВД. Он знал, что говорил.

В тюрьме я окончательно созрел для отъезда.

Эти стихи были написаны в «Лефортово». Они — об Италии, вожделенной и в ту пору недоступной. Однако я верил, что рано или поздно увижу эту страну.

Залитые синею дымкой
Бескрайние горные дали
В долинах плывут невидимкой
Над древней землёю Италии.

Мосты и каналы Венеции,
И в городе вечном фонтаны.
И, может, одна только Греция
С тобой конкурирует рьяно.

Собранья картин Рафаэля,
Величия божьего храмы...
Картинки цветной акварели
Из жизни рождённые прямо.

Влечёт современных паломников
Обилие разной скульптуры,
Созданья духовных садовников,
Певцов и литературы.

Поток миллионов не тает,
Он только полнее становится,
И каждый, кто так понимает,
Красавице вечной поклонится.

*1973*

...Я чувствовал, что за мной следят. Чем уж удостоился такой «чести», не ведал. Во дворе дома в Сокольниках постоянно дежурила чёрная «волга». Однажды решил ещё раз проверить своё предположение. Приехал к своему другу Лёве Генину в меховое ателье в Столешниках, припарковал свои бежево-жёлтые «жигули», увидел из окна ателье, как рядом встала чёрная машина. «За мной следят», — сказал Лёве. «Брось! Кому ты нужен?» — не поверил он. «Проследи вон за этой чёрной машиной. Когда буду выезжать, поедет она следом?»

Всё подтвердилось. Лёва был поражён.

НАМ НЕ ДАНО ПРЕДУГАДАТЬ...

Причина слежки выяснилась. Живя в Сокольниках, я и познакомился с неким Петровым-Агатовым. Близкие друзья моего двоюродного брата Володи, сына тёти Нины, позвонили из Израиля и попросили помочь с деньгами диссиденту, имя которого не назвали. Деньги обещали отдать, когда я окажусь на Западе. Человек этот позвонил мне, я пригласил его к себе и попросил соблюдать осторожность, в частности не звонить с моего домашнего телефона. Я уже был «в подаче», осторожность напрашивалась.

И вот приходит незнакомец в косоворотке поверх костюма, этакий толстовский тип, лет шестидесяти на вид. И сразу достаёт бумагу зеленоватого цвета с фотографией. Из бумаги явствует, что Петров-Агатов Александр Александрович освобождён из лагеря, в котором отбывал наказание по уголовному делу, что он поэт, отсидел много лет как враг советской власти, совершил несколько побегов, его ловили и добавляли сроки заключения, что в лагерях он начал искать бога и чувствует, что нашёл его.

Он добавил: написал цикл еврейских стихов и опубликовал в Израиле, за что сел второй раз; написал повесть или рассказ, напечатанный в эмигрантских «Гранях» или в «Посеве» (точно не помню). В подтверждение вынул из кармана книгу и дал мне для прочтения. До этого из запрещённой литературы я читал лишь Солженицына «В круге первом», «Раковый корпус» и очень плохой фотоэкземпляр «Технология власти» Авторханова. Увидев книжку, я проникся громадным почтением к автору — истинному диссиденту, который, рискуя своей свободой, а может, и жизнью, ведёт тяжёлую борьбу с советской системой.

Я принял его как дорогого гостя, накрыл на стол, выложив из холодильника дефицитные продукты, добываемые через друзей, открыл бутылку водки. Он начал говорить о боге, о любви к ближнему, я слушал и осознавал себя маленькой козявочкой, не могущей укротить свои желания, полюбить тех, кто меня бьёт и унижает, и что я далёк от совершенства.

Так завязались наши отношения. Я перед ним почти исповедовался, а он учил меня умерять гордыню, учиться любить людей и однажды принёс очень старую книгу о религии.

Что греха таить, я писал стихи и лелеял надежду: а вдруг в лице настоящего поэта и диссидента смогу найти подлинного критика и советчика... Ведь это он, Петров-Агатов, сочинил слова к знаменитой песне «Тёмная ночь», которую в фильме «Два бойца» исполняет Марк Бернес!

Правда, иногда возникали некие подозрения: как это мой новый знакомый не боится жить в Москве без прописки. Я высказывал по этому поводу опасения, а мой собеседник отвечал: «Не надо трусить, я, например, хожу на демонстрации с опальным генералом Григоренко, „они" меня хотят выгнать из Союза, но бог послал мне женщину, которая зачала от меня, а у неё трое своих деток и бывший муж-пятидесятник, и она тоже».

Петров-Агатов кратко поведал, что такое пятидесятничество. Это одно из «новых» религиозных течений, появившееся в начале XX века и считающее себя одной из ветвей протестантизма. Своё учение они относят к новозаветным событиям Пятидесятницы — Дню Сошествия Духа Святого на апостолов. В 1901 году американский евангелист Чарльз Фокс пришёл к выводу, что современные христиане утратили особое духовное состояние. То самое, которым отличались апостолы. Он открыл в США школу, где изучалась библейская книга «Деяния апостолов». Путём возложения рук на своих учеников, он проводил ритуал крещения Святым Духом. После чего его последователи якобы начинали разговаривать на различных языках, в том числе никому не известных. И даже получали дар исцелять больных. Пятидесятников немало и в СССР, но власти борются с ними, объявляют сектой.

Ничего этого я не знал. А Петров-Агатов продолжал: «Мне надо добиться разрешения её бывшего мужа на вывоз детей и всей семьёй уехать на Запад. Я богат, одна только повесть, напечанная за границей, принесла сто пятьдесят тысяч долларов, хранящихся в банке. Я думаю издавать журнал, и вообще, только два писателя — Солженицын и я — имеют деньги на Западе».

От этих разговоров у меня голова шла кругом.

Так продолжалось до самого начала февраля 1977-го. Я готовился к отъезду. Разрешение покинуть Союз уже было получено. И грянул гром. Я читал «Литературную газету», 2 февраля купил её в киоске, развернул и начал пролистывать. На странице 14 глаз выделил письмо, озаглавленное «Лжецы и фарисеи». Я ахнул, увидев подпись — А. Петров-Агатов. В письме лилась откровенная грязь на известного диссидента Александра Гинзбурга, возглавлявшего Фонд Солженицына по оказанию помощи политзаключённым и их семьям. Гинзбург обвинялся в финансовой нечистоплотности, в присвоении средств Фонда и других вещах. От каждой строки пасквиля, состряпанного по указке КГБ, дурно пахло. Я в таких делах уже разбирался, тюрьма научила.

Как такое было возможно?! И почему я, наивный дурачок, поверил в разглагольствования «божьего человека», на поверку оказавшегося подонком, выдававшим себя за диссидента?

Я не стал звонить ему, что-либо выяснять. Отныне моя квартира была для него закрыта. Больше я ни разу его не видел.

> Только как же связать, что он Бога нашёл,
> И что в подлость теперь с головою ушёл…
> Нет, Христа он сегодня вторично распял,
> Эталоном Иуды сегодняшним стал.
>
> *1977*

Так кто же такой этот человек, как выяснилось, с двойным дном?

## Короткая справка

В прошлом Петров-Агатов был коммунистом, руководящим работником Ставропольского крайкома партии. Он выдавал себя за автора текста известной песни «Тёмная ночь» (из кинофильма «Два бойца»). В 1947 г. за несколько критических замечаний в адрес Сталина был обвинён в антисоветской пропаганде и в июне 1948 г. Особым совещанием приговорён к лишению свободы. В 1956 г. был освобождён и реабилитирован. После освобождения Петров-Агатов работал референтом министра культуры Чечено-Ингушской АССР. Широко печатался. Его песня «Чечено-Ингушетия моя» стала чем-то вроде гимна республики. В 1960 г. был снова арестован. Освободился в 1967 г. Обстоятельства этого дела неизвестны. После второго освобождения Петров-Агатов писал и переводил. Он переводил почти всех чеченских и ингушских поэтов. В 1967 г. в журнале «Простор» был напечатан цикл его собственных лирических стихов. В журнале «Нева» напечатана его повесть «Тайна старого костёла».

26 июля 1968 г. Петрова-Агатова снова арестовали. В обвинительном заключении по его делу было сказано: «26 июля 1968 года Управлением КГБ при СМ СССР по г. Москве и Московской области за проведение антисоветской агитации арестован Петров А. А. Произведённым по делу расследованием установлено, что Петров с 1943 г. писал, хранил и распространял различные стихи антисоветского содержания... В дальнейшем Петров А. А. написанные в 1943–53 гг. стихи антисоветского содержания переписал в записные книжки и хранил их с целью последующего распространения. В 1968 г. Петров... составил рукописный сборник, озаглавив его „Песни надежды и веры“. В свой рукописный сборник Петров включил антисоветские стихи, написанные им в 1943–53 гг., в которых содержатся клеветнические измышления, порочащие советский государственный и общественный строй, а в стихотворениях „К богу“, „Соединённые Штаты Америки“ и „Президенту Джонсону“, кроме того, содержатся призывы к свержению советской власти... В июле 1968 г. он, кроме того, написал текст антисоветского содержания под названием „Послесловие...“ Приговор — семь лет (по ст. 70 УК РСФСР).

В лагере Петров-Агатов написал документальную повесть мемуарного характера «Арестантские встречи». Повесть и несколько стихотворений были напечатаны на Западе. В ноябре 1970 г. Петров-Агатов был отправлен на три года во Владимирскую тюрьму. В декабре 1973 г. он прибыл на 19 лагпункт»...

В дополнение. На самом деле автором песни «Тёмная ночь», исполнявшейся в фильме «Два бойца» Марком Бернесом, является Владимир Гариевич Агатов (Вэлвл Исидорович Гуревич), советский поэт-песенник (1901–1966) и тоже лагерник (1949–56 гг.). Он сочинил для фильма и другую песню — «Шаланды», также ставшую знаменитой. Музыку к ним написал Никита Богословский.

Умер Владимир Агатов в 1966 году в Москве, похоронен на Новодевичьем кладбище. На его надгробии выгравированы слова: «Тёмная ночь, только пули свистят по степи...»

Что касается пророка-провокатора, то 1981-м он получил третий срок за мошенничество. Умер в лагере в 1986-м. Так бесславно закончилась его жизнь.

# Эмиграция

Покинул я постылую родину 12 апреля 1977 года, в День космонавтики. Ехал один — бывшая жена и сын остались в Москве, по поводу расставания с Гришей я сильно переживал. Поезд вёз меня через Брест. Уже не помню, но что-то помешало лететь самолётом.

Запомнились какие-то фрагменты, отдельные лоскутные картинки. Из поезда мы выходим толпой, гружёной некрасивым, не туристским, а скорее беженским багажом, в который впихнута и утрамбована целая жизнь.

В толпе мы все думаем о том, что те, в чьей мы сейчас власти, — таможенники, милиция, пограничники — ещё могут нас вернуть. Мы ещё не свободны. Вижу краем глаза немногих простых свидетелей нашего исхода: железнодорожников, машиниста, задумчиво глядящего на нас из своего окошка, неожиданно молчаливых проводников. Наверное, одни считают нас счастливчиками, другие — предателями.

Помещение таможни слишком тесно для нашей толпы. Никакой очереди не получается, все толкутся кучей. Проблем с прохождением таможни у меня не было. Мой скарб кажется таким невзрачным по сравнению с семейными баулами...

Пересекаем границу Чехословакии, в вагон входят австрийские пограничники. Я восклицаю: «Слава богу, я на свободе!»

> Вождям учили с детства верить,
> Патриотизмом мозг забить —
> Я должен вас благодарить?
>
> Вожди друг другу грызли горло
> Или пытались удавить —
> Я должен вас благодарить?

Врачей-евреев посадили,
Чтоб остальным всем рот закрыть —
Я должен вас благодарить?

Живёт провинция без мяса,
И масла тоже не купить —
Я должен вас благодарить?

Я был в тюрьме по вашей воле,
Но жизнь сумел я сохранить —
Я должен вас благодарить?

Родились в сердце эти строки,
Хотя и страшно говорить —
Я должен вас благодарить!

*1977*

В Вене я пробыл неделю. В Израиль репатриироваться не собирался, о чём сразу заявил, и потому традиционным маршрутом был отправлен в Италию — дожидаться американского разрешения на въезд. Тогда иммигрантов из Союза принимали два города — Ладисполи и Остия. Я попал в Остию.

Я был почти без денег, как большинство новоиспечённых иммигрантов. Одна надежда была на получение посылок в Риме. Ещё в Москве я придумал отправить в столицу Италии на свою фамилию «до востребования» несколько посылок с изделиями Палеха — шкатулками, ларцами, кубышками, брошками, заколками для галстука... На римском Главпочтамте получил посылки, хотя кое-что пропало. Продавал палехские миниатюры, ценившиеся в ту пору, на римском рынке «Американа» (так его называли). На вырученные лиры путешествовал по Риму и окрестностям.

Это было потрясение. При виде собора Святого Петра в Ватикане я заплакал. И всё остальное, увиденное в Италии, оставило глубокий эмоциональный след, вылившийся в стихи.

Где бы я ни был, мне некуда деться,
Всюду со мною Пьяцца Венеция!

## ЕФИМ ГИЛИН

Площади мира из личной коллекции
Я променял бы на Пьяцца Венеция!

Знаю, красивы Испания, Греция,
Но я влюблён уже в Пьяцца Венеция!

И я ношу тебя в собственном сердце —
Пьяцца Венеция, Пьяцца Венеция!

*1977*

\* \* \*

Когда я бродил по музеям Италии,
Соглашался с «голландцами» — дело не в талии.

Стал богаче душой и физически даже,
Дело вовсе не в бизнесе, купле-продаже.

И совсем не в чекистах — их «голландцы» не знали,
Потому, может, бёдрами круче играли.

Мир живёт идеалами, модой, привычками,
Я хочу только добрую и симпатичную.

Я мальчишкой влюблялся в изящные талии,
Поскольку не видел музеев Италии.

*1977*

\* \* \*

Нет, не с полотен Рафаэля,
Они — лишь образы для них.
Художники, вы проглядели
Джоконд не призрачных — живых.

Среди соборов и фонтанов,
Среди дворцов и площадей
Встречал я много итальянок,
Потрясших внешностью своей.

Огонь и нежность чернооких,
Вулкан, притихший на груди,

И скромность с гордостью у многих.
Хотелось крикнуть: «Погоди!»

Но проходили, исчезая,
Хоть пальчик их поцеловать
И, к сожаленью, слов не зная,
Не мог им этого сказать.

А в сердце зарождалось чувство,
И солнце пряталось в вуаль...
Вот настоящее искусство,
Меня повергшее в печаль.

*1977*

* * *

Бельё повисло на верёвке,
Закрыт рубахами фасад,
На стенке тайною уловкой
Размазан краскою плакат.

Нарядны дети, в воскресенье
С родителями в храм идут.
Но где родилось разрушенье,
Что коммунисты вам несут?

Да, революция в России
Родила много громких фраз,
Но не в стихах — в штыках их сила
И в одурманивании масс.

Друзья, я откровенен с вами,
Я это лично пережил,
Россия славилась церквями,
Их коммунизм все истребил.

Есть у Италии заботы,
Есть у Италии права,
Но берегитесь поворотов —
Долой заборные слова!

*1977*

* * *

Через четыре месяца я получил разрешение на въезд в США и оказался в благословенной Калифорнии. Московский приятель дал мне адрес друзей в Лос-Анджелесе, у них я прожил две недели. В это время приехала моя хорошая знакомая по прежней жизни. Муж её — американец — работал в Москве представителем какой-то фирмы. Я перед отъездом продал ему свои «жигули». Он обещал передать деньги через жену, когда я окажусь в Штатах. Она привезла пять тысяч долларов, оказавшиеся весьма кстати.

Английский язык я знал плохо, пробовал учить в «Лефортово», но какая учёба в тюрьме... Поступил на трёхмесячные курсы по изучению английского. Потом стал искать первую американскую работу. Хорошего образования, скажем, инженерного, не имел, «директор советского магазина» могло вызвать у здешних работодателей только смех... И я начал искать ювелиров — всё-таки к этой профессии я имел определённую склонность, кое-что знал, понимал и умел. Нашёл в результате поиска ювелира-француза. Тот проверил мои навыки — попросил опилить отлитое изделие из золота. Несколько часов я работал тонким напильником — надфилем. Француз ухмыльнулся: «Это вчерашний день. Мой мексиканец с помощью специального приспособления сделает эту работу за час...»

Первый блин оказался комом. Наверное, у всех эмигрантов происходило подобное. В конце концов я устроился на ювелирную фабрику. Меня посадили на сортировку драгоценных камней. Рядом трудились американцы, пожилой человек и молодой парень, он постоянно советовал: «Take it easy!» («расслабься», «не торопись»). Дело в том, что я очень старался, хотел выполнять порученную работу как можно лучше, быстрее. Чтобы я понял, почему мне советовали расслабиться, мои коллеги поведали такую историю. В Нью-Йорке выпал обильный снег. В бригаде чистильщиков русский эмигрант так здорово работал лопатой, что никого ему в помощь не взяли. Потом русского внезапно уволили. «Мораль сей басни» — не надо показывать, что ты в том или ином деле overqualified, то есть куда больший специалист, нежели требуется, и тебе надо платить куда больше остальных. Я не был overqualified...

Я проработал на фабрике немного больше года. Перспектив роста не было. К этому времени уже ездил на подержанном «форде», купленном за тысячу семьсот баксов. И я решил податься в таксисты, как многие наши эмигранты. Английский мой всё ещё оставлял желать лучшего, поэтому, дабы не вступать с людьми в долгие объяснения по поводу адресов поездок, я старался брать пассажиров возле отелей и, как правило, везти в аэропорт, избегая мотаний по огромному городу. Слава богу, особых ЧП не было.

Такси я посвятил пару лет. На заработанные деньги купил машину с лайсенсом, став членом транспортной организации, и отдал «тачку» в рент одному американцу. И вновь решил заняться ювелиркой, но уже на другом уровне.

Как и в каждом деле, нужно было везение. Я познакомился с врачом-американцем на пенсии, его жена занималась ювелиркой. Она продавала изделия, изготовленные по её заказу. Приболев, женщина уступила место за прилавком мужу, а тот доверил торговлю мне. Набравшись некоторого опыта, я начал заказывать серьги, колечки и иные изделия в русском стиле с сапфирчиками, бриллиантиками и прочими симпатичными камушками у ювелира-эмигранта из Союза, понимавшего в этом толк. Материалы покупал у дилеров. Пошли заработки.

На одном шоу познакомился с домохозяйкой из Техаса, продававшей изделия из серебра. Мы вместе участвовали в нескольких показах-шоу. Торговля шла неплохо.

\* \* \*

Огней и фар сплошной водоворот,
Америка бурлит, как на вулкане,
А я ещё советский обормот,
Хотя уже без паспорта в кармане.

\* \* \*

На берегу Тихого,
Над водой Великого,

ЕФИМ ГИЛИН

Живу себе тихо я,
Никуда не двигаю.

Горы подымаются,
Океан волнуется,
Годы разбегаются,
Как на детской улице.

Изредка туманится,
Чаще небо ясное,
Некогда печалиться,
И к тому ж всё ясно мне.

Перестал я вздрагивать,
Сгинули спесивые.
Что ещё мне сравнивать
С гибнущей Россиею?

*1980*

Так продолжалось два года.

Мой приятель, лосанджелесский ресторатор-армянин, надоумил обратить пристальное внимание на Бразилию. Ювелирный рынок в этой латиноамериканской стране процветает. Почему бы не попробовать каким-нибудь образом вписаться в него? В этой стране немало эмигрантов-ювелиров из Европы, у них можно покупать старые, сломанные изделия и восстанавливать их. И я полетел в Рио-де-Жанейро, снабжённый адресом знакомого моего приятеля, занимающегося золотом и драгоценными камнями.

...И вот я на месте. Рио-де-Жанейро — огромный город, лежащий на берегу залива Гуанабара, произвёл на меня неизгладимое впечатление. Он получил всемирную известность благодаря знаменитой статуе Христа Искупителя высотой 38 метров, венчающей гору Корковаду, гранитному пику Сахарная голова, на вершину которого ведёт канатная дорога, а также благодаря пляжам Копакабана, Ипанема, Леблон.

Здесь проводится крупнейший в мире карнавал, посетители которого могут полюбоваться на ярко украшенные движущиеся платформы и танцоров самбы в эпатажных костюмах. Правда, я его не застал — карнавал проводится в феврале, а я оказался в Рио в апреле, но был много наслышан.

Я облюбовал так называемые шарушкарии — закусочные типа шведского стола, вроде шашлычных. Сравнительно дёшево и вкусно. Сначала вы идёте к столу с салатами и закусками. Выбор здесь огромный. Когда салаты в вашей тарелке будут заканчиваться, к вам начнут подходить официанты с большими кусками мяса на вертелах. Официант подносит мясо и сообщает, какая это часть туши. Вы либо берёте (и вам срежут небольшими кусочками мясо с шампура прямо в тарелку), либо отказываетесь. И так может продолжаться до бесконечности.

Встретившись с рекомендованным мне бразильцем, я расспросил его о возможностях для моего скромного бизнеса. Он дал несколько полезных советов, пообещал свести с нужными дилерами. А пока я решил познакомиться с ювелирной промышленностью. Самая крупная фабрика «H.Stern» («Штерн») обрабатывает половину всех драгоценных камней Бразилии. Аметисты, аквамарины, опалы, топазы, многоцветные турмалины, бриллианты, изумруды, рубины, сапфиры…

Я побывал в её демонстрационном зале.

Меня заинтересовала биография хозяина фирмы. Как я и предполагал, Ганс Штерн оказался немецким евреем. Родился в Эссене в 1922-м. Семья вовремя, в 1939-м, бежала от нацистов и без гроша в кармане прибыла в Бразилию, предоставившую визы, хотя у Штернов в этой стране не было никого из родственников, никаких связей.

В семнадцать лет Ганс смог устроиться в «Cristab», компанию по обработке и экспорту бразильских драгоценных камней. Он быстро начал изучать ювелирный бизнес, а также (умница!) иностранные языки, которые ему наверняка понадобятся, чтобы продолжить карьеру в международной торговле драгоценными камнями.

В 1945-м Ганс основал компанию «H. Stern». Он приписал большую часть своего успеха тому, что назвал сочетанием удачи, возможностей и этики. Он считал: честная игра необходима в бизнесе, где клиенты должны доверять продавцу, чтобы получить хорошее соотношение цены и качества. По мере того, как его компания росла, Штерн взращивал своих молодых ювелиров, обучая их соблюдать высокие этические стандарты. Он создал систему жалоб и лично читал каждую из них, помогая поднять бразильскую торговлю ювелирными изделиями до международных стандартов.

Его философия оказалась весьма успешной.

То, что я узнал о Гансе Штерне и его фирме, лишний раз укрепило в правильности моего выбора избрать именно Бразилию рынком закупок материалов для ювелирки. На многое я не замахивался, главным была скупка золотого лома и старых, дефектных изделий из него, идущих затем в переплавку и тоже становящихся ломом. А что уж из него потом делать в Америке, зависело от калифорнийских мастеров-ювелиров и моей творческой фантазии.


Постепенно я обрастал связями, посещал Бразилию от трёх до пяти раз в год. Успешно работал и в Аргентине. А вот в Мексике не получилось.

В Бразилии расширил географию, вёл торговые операции не только в Рио, но и в Сан-Паулу. Деятельность в этих городах, конечно, была сопряжена с риском. Приходилось быть осторожным. Я вёл отчасти засекреченный образ жизни. Не возил с собой крупные суммы и золотые изделия, пользовался сейфом в гостинице. Никто не знал, где я в данный момент нахожусь и куда иду или еду. Полиция предлагала охрану, я отказался, не доверяя местным стражам порядка. Удача была на моей стороне — меня ни разу не грабили, не угрожали жизни.

Взял официальное разрешение на ввоз золота в виде лома и платил небольшую таможенную пошлину. Потом официально договорился с бразильской компанией, она взяла на себя услуги по доставке в Лос-Анджелес купленного драгметалла.

Все затраты окупались прибылью. Я одалживал небольшие суммы и отдавал после продажи. Иногда брал маленькие займы в банках под бизнес.

Из бразильского лома делались колечки, серёжки, браслеты, в которых менялись камни на более благородные, пользующиеся спросом. Отдавая мастерам изготавливать и восстанавливать их, я заказывал дизайн изделий, который придумывал сам. Это было настоящее творчество. Дважды-трижды в месяц принимал участие в шоу, появилась постоянная клиентура, мою продукцию приобретали дилеры, магазины и рядовые покупатели.

Я открыл в антик-центре на Беверли-бульваре свой персональный прилавок.

> Живу среди высоких пальм,
> Привык к безоблачным закатам,
> Здесь тоже много всяких драм,
> Но не скучаю по Арбату.
>
> Летишь «Линкольном», мили рвёшь,
> Пейзажи дивные глотая,
> И забываешь, где живёшь...
> Ну правда, нету лучше края.
>
> Конечно, критики не спят,
> Хулят вовсю пороки жизни,
> «Невинность» мнимую блюдят,
> Им бы хлебнуть другой «отчизны».
>
> Здесь тоже много всяких драм,
> Но не скучаю по Арбату,
> Живу среди высоких пальм,
> Влюблён в прекрасные закаты.
>
> *1989*

Финансово я достаточно окреп. Оставил снимаемое в рент жильё за 140 долларов в месяц (бог мой, какие щадящие были цены!) и купил в кредит однобедрумную квартиру в хорошем районе за сто тысяч.

Спрос на мою продукцию был, но дефицита на ювелирном рынке не наблюдалось, скорее переизбыток. Чтобы расти, требовалось постоянно что-то искать, находить новое, привлекающее покупателей.

В середине девяностых созрело решение переехать в Нью-Йорк.

# От «Лефортова» до Форта Ли

Я продал квартиру в Лос-Анджелесе, взял заём в банке и приобрёл жильё в Нью-Джерси, в Форте Ли. Это район, расположенный вдоль реки Гудзон. Манхэттен близко, что мне и требовалось. Я начал обживать 47-ю, рядом с Рокфеллер Центром, между Пятой и Шестой авеню. Эта часть Нью-Йорка так и называется — Бриллиантовый район — Diamond District.

Концентрация богатства и роскоши на Бриллиантовой улице, несомненно, зашкаливала. За день на отрезке в один квартал продавалось ювелирных товаров на десятки миллионов долларов. А в Нью-Йорке «крутилось» около восьмидесяти процентов всех бриллиантов, продаваемых в мире.

На этой улице я держал только офис. Денег там не было — хранился товар, используемый во время показов (шоу). Тоже, конечно, определённая ценность, однако не миллионы.

Вот что было обо мне написано в статье, по достоинству оценившей уровень моей коллекции.

*Ефим Гилин эмигрировал в США в 1977 году, и сейчас его офис находится в знаменитом бриллиантовом районе Нью-Йорка. Он ездит по миру для изучения замечательных ювелирных изделий прошлого и настоящего, иногда возрождая сокровища, которые в противном случае могли бы быть утрачены. У него сейчас благоприятный период. Его нынешняя коллекция включает работы трёх веков: грузинские старинные изделия, в том числе пара серёжек с крупными бриллиантами розовой огранки и свисающими бриллиантами маркизской огранки, оправленными в четырнадцатикаратное золото, датируемое Наполеоновской эпохой, бок о бок существуют с лучшими образцами дизайна XXI века.*

*«Сегодня некоторые современные украшения выглядят чудесно», — говорит ювелир.*

*Тонкое, изысканное мастерство — всегда основной приоритет Гилина при покупке ювелирных изделий, старых или новых.*

*Его энтузиазм заразителен, когда он достаёт изделия из своей витрины, обращаясь с ними с гордостью и нежностью, демонстрируя их качество. Хрупкая брошь-бабочка 1910 года выпуска едва ли в дюйм шириной, воздушное и нежное платиновое филигранное изделие, усыпанное крошечными бриллиантами; бриллиантовая брошь 1940-х годов с каскадной россыпью бриллиантов; игривый золотой талисман на удачу в форме подковы 1920-х годов; заколка для платья с двойным бриллиантом 1930-х годов со вставками из рубина, сапфира и бирюзы, а также коллекция религиозных медальонов из португальского перламутра.*

*«Я многого не знаю о них, но я их люблю», — признаётся мастер.*

*Небольшая подвеска в виде брошки с камеей Викторианской эпохи, датируемая 1890-м годом; резной сердолик, оправленный в оправу в стиле готического возрождения из розового золота, окислённый до потрясающего переливающегося цвета радуги, — ещё одно редкое и красивое изделие в коллекции Гилина, как и итальянская микромозаика площади Святого Петра, вставленная в овальную брошь из четырнадцатикаратного золота.*

*Сапфир изумрудной огранки весом семь с половиной карата насыщенного, тёмного, бархатисто-синего цвета — одно из самых эффектных украшений в коллекции Гилина. Он обрамлён багетными бриллиантами в классическом стиле ар-деко, но Гилину пришлось провести некоторые реставрационные работы, чтобы вернуть ему красоту.*

*«Я намереваюсь создать центр сертифицированных драгоценных камней, — с воодушевлением говорит он. — Они будут отличаться изумительным цветом и иметь подтверждённое происхождение. Я находил их в необычной обстановке. Один из них поместил в оправу из белого восемнадцатикаратного*

золота, что сделало его более тяжёлым и современным. Я ценю высокое качество камней. У меня нет среди них фаворитов, поскольку каждый по-своему привлекателен».

Ещё один ценный камень в коллекции Ефима Гилина является редким: кольцо с драгоценным гранатом в пять карат в оправе из платины с сапфирами и бриллиантами калибровой огранки. Его происхождение — Россия до 1917 года, а размер и качество демантоидного граната настолько необычны, что даже почтенный международный аукционный дом Christie's выразил заинтересованность в его приобретении, но Гилин намерен сохранить великолепный насыщенно-зелёный безупречный камень для «особого частного покупателя».

Гилин собрал обширную и красивую коллекцию серёжек разных эпох в разных стилях: эдвардианские жирандоли, современные клипсы. Они варьируются по размеру от крошечных и неброских до больших и роскошных. Здесь найдётся стиль на любой возможный вкус.

«Серёжки — мои любимые изделия. Они делают женщин прекрасными», — признаётся мастер.

Недавно он начал создавать коллекцию цветных бриллиантов. Такие экзотические камни обретают популярность, и у Гилина есть образцы в различных жёлтых тонах — коньячно-коричневом, оранжево-жёлтом и эффектном бирюзово-синем. Такие бриллианты больше всего используются в современных изделиях, но Гилин изредка использует такие редкие цветные камни для замены пропавших драгоценных камней в украшениях, купленных в антикварных лавках, потому что продавцы понимают, как трудно сохранить старые вещи.

«Мне нравится возвращать жизнь ювелирным изделиям», — подытоживает он.

Коллекция Гилина также включает элегантные мужские и женские часы для таких знаменитых фирм, как Patek Phillippe, Concorde и, конечно, Rolex. Он также предлагает изделия некоторых знаменитых ювелирных домов: заколки для платья с автографом в стиле ар-деко от Cartier, с двумя резными ониксовыми и золотыми пантерами, которые обхватывают запястье в виде браслета из трёх частей — атрибут фирмы

*Дэвида Уэбба. Коллекционирование подписанных произведений не является приоритетом для Гилина.*

*«Мне не нравится так много подписанных изделий. Я люблю ювелирное изделие, которое не подписано и являет собой великолепную работу», — говорит он.*

*Гилин весьма гордится фактом, что его покупатели возвращаются к нему снова и снова. «Профессиональный, честный совет — лучшее, что я или мои дилеры могут предложить покупателям. У вас должен быть ювелир, которому вы доверяете».*

*Клиенты, которые доверяют Ефиму Гилину, находят в его лице ювелира, который с удовольствием делится своими знаниями и обширной и тщательно собранной коллекцией ювелирных изделий, насчитывающей три столетия, а также предлагает ценовой диапазон от сотен долларов до пятидесяти тысяч.*

Меня иногда спрашивают, на чём базируется мой бизнес, каким принципам я стараюсь следовать?

Первое и главное — быть порядочным. Без этого невозможно добиться высокой репутации. Кто-то стремится «срубить бабки» по-быстрому, надуть клиента. Порой достаточно одного раза, чтобы люди перестали тебе доверять. Мой же девиз — честность. Везде и во всём.

Второе. Нелёгкая жизнь научила меня состраданию, сопереживанию, эмпатии. Ко мне нередко обращались находившиеся в трудных жизненных обстоятельствах: тяжело болен близкий человек, грозит банкротство, нечем расплатиться по долгам и пр. Они вынужденно продавали хорошие ювелирные изделия, чтобы выручить деньги. Поверьте на слово: я всегда шёл навстречу попавшим в беду.

Третье. Доверчивость. Я доверяю людям. Казалось бы, как можно делать успешный бизнес, будучи доверчивым? Оказывается, можно!

Четвёртое. Смелость в выборе дизайна изделий, тяготение к старине, оправданный риск. В этом помогает интуиция. А что такое интуиция? Я вывел свою формулу — продукт опыта и знаний. У меня нет нелюбимых драгоценных камней, все любимые. Но, разумеется, рубин, сапфир, изумруд, бриллианты — самый высший класс.

\* \* \*

...Вернусь в моём жизнеописании на несколько лет назад.

В самом начале восьмидесятых в моём одиноком существовании наступил просвет. В Калифорнию не без моей помощи эмигрировала моя жена, с которой, читатели помнят, я находился в разводе, мой сын Гриша и брат Стеллы Наум с женой и ребёнком. Я встретил их в Лос-Анджелесе. Жить вместе с сыном не получилось. Двадцатилетний Гриша начал помогать в бизнесе, чему я был рад. Он заявил, что хочет учиться. Такое желание мной всячески приветствовалось. Однако Гриша поменял планы и сел за баранку такси. Удача на этом нелёгком поприще обошла стороной, и он вернулся ко мне. Я брал его с собой в Бразилию, обучал нюансам работы в ювелирке.

Сын неудачно женился и не обрёл в браке счастья, развёлся, через определённое время снова женился. Родились два сына, два моих внука. О них расскажу позже.

Как и я, Гриша с семьёй переехал на Восточное побережье и уже на профессиональном уровне занялся ювелиркой. Его жена стала помощницей в этом деле. Я передал им свой офис на 47-й улице.

Всё было бы хорошо, но... Настоящего душевного тепла со стороны сына я не ощущал. Возможно, сказалось влияние Стеллы, а в чём-то был повинен я сам. Я не ангел, не херувим, отдаю себе в этом отчёт, однако любил и люблю сына и хотел бы взамен больше радушия, сыновней привязанности. Особенно огорчает, что и с внуками вижусь редко...

Стелла покинула наш мир несколько лет назад.

А ещё раньше, в 1999-м, в свои семьдесят лет я женился. Моей избранницей стала прекрасная Елена, Елена Анатольевна. Она и в самом деле прекрасна, намного моложе меня, невероятно энергичная, деловая, не боящаяся трудностей. Родом из старинного русского города Калуга. Вышла замуж, родила двоих сыновей, Дмитрия и Олега. Одна, без иммиграционных документов, в начале девяностых оказалась в Америке. Как говорится, на свой страх и риск. Тяжело работала, пробивая дорогу в чужой стране, без английского. Постепенно помогла перебраться в Штаты всем членам семьи, включая маму Ровзу (Розу) Сулеймановну, которой сейчас восемьдесят пять лет. С мужем-картёжником, не изменившим своих привычек в Америке, развелась.

Нас познакомила общая приятельница, работавшая в банке. Я постарался открыть молодой жене глаза на многое. В течение года она стала помощницей в моём бизнесе, узнала особенности профессии ювелира. Её сын Дима тоже помогал нам. Я научил Лену играть в теннис, мы катались на лыжах, она стала отличным водителем. Мы вместе колесили по стране, участвовали в антик-шоу, по полгода проводили в поездках.

Более сорока лет я активно занимался этим бизнесом. Проводил двадцать пять — тридцать шоу в год — в Лос-Анджелесе, Сан-Франциско, Лас-Вегасе, Чикаго, Хьюстоне, Балтиморе, Филадельфии, Нью-Йорке и других городах.

\* \* \*

Удивительные сюжеты преподносит жизнь! Внезапно на моём горизонте появился друг детства Леонид Столович. Сколько лет, сколько зим промелькнуло… Свёл нас в самом конце девяностых товарищ питерского детства — профессор математики Владислав (Вадим) Гольдберг, живущий и работающий в Нью-Джерси. Он рассказал Столовичу обо мне. И пришло письмо из Тарту. Вот что Лёня сообщил:

*«Да, действительно, мир тесен! Я был просто потрясён, когда Вадим мне написал по электронной почте, что у него есть друг — „Бэба из Малкова переулка". Будучи в Тарту, он подарил мне книжечку твоих стихов. Одно из стихотворений, написанное в 1951-м, посвящено Л. С. Ты рукой сверху надписал: „В память о нашей юности».*

*Из краткого разговора с тобой по телефону и из письма Вадима я чуть-чуть представил, чем ты занимаешься. Коротко напишу о себе. После окончания философского факультета*

*Ленинградского университета в 1952-м я, как еврей, остался без работы. Более ста писем разослал в различные города страны с предложением своих услуг, и только один город, Тарту с его университетом, откликнулся положительно. В начале 1953-го я покинул Ленинград. Правда, ещё три года меня не брали в штат университета, и я читал лекции по часовой оплате, снимая угол.*

*Я защитил кандидатскую и докторскую диссертации, стал профессором. Сейчас на пенсии, в основном работаю дома, пишу статьи, книги, немного читаю лекции. У меня издано уже сорок книг на разных языках. Последняя, пожалуй, самая читаемая — «Евреи шутят». Сейчас готовится третье издание. Я обязательно пришлю тебе книгу...*

*Моя семейная жизнь в итоге сложилась благополучно. Двое детей от первого брака. Сыну уже сорок, он физик, живёт в Тарту. Дочь на четыре года меньше, она психолог. Внучка, дочка сына, на шестьдесят лет меня моложе, день в день.*

*Я тоже пишу стихи. Посылаю тебе самую «солидную» мою публикацию — в знаменитом петербургском журнале «Звезда».*

*Вадим писал, что, может быть, вы с женой летом приедете отдохнуть в Эстонию. Я был бы весьма рад...*

*Всего тебе доброго! Главное, будь здоров! Твой Лёня».*

Завязалась переписка. Вот одно из моих писем.

*«Дорогой Лёня! Просто нет слов. Я восхищён, горд, и бог знает ещё что сейчас в моей душе. Только занятость в бизнесе мешает мне схватить в охапку мою дорогую Леночку и прилететь к тебе.*

*Твою книгу я прочёл взахлёб и буду перечитывать ещё и ещё. Я должен продолжить разговор постранично, и он может длиться вечно.*

*Обнимаем!*

*Лена, Ефим (Бэба)»*

Я трепетно храню нашу переписку. Одно из посланий Столовича:

«Дорогой мой Фима! Сегодня получил твоё письмо со всеми вложениями. Всё дошло очень хорошо.

Рад был увидеть тебя на фотографиях с воистину прекрасной Еленой. Испытал вместе с тобой твои чувства при встрече с Римом... Бандероль с книгой уже выслал...

В твоём проспекте был твой сайт. Я зашёл в него и увидел во всём великолепии вещи, которые ты делаешь. Замечательно!

Леночке и тебе сердечный привет от меня и Веры!

Обнимаю! Твой Лёня».

Мы с женой побывали у Лёни в Тарту. Это была незабываемая поездка.

К глубокому сожалению и огромной печали, Лёни и Вадима уже нет в живых. Память о друзьях детства живёт в моём сердце.

# Ещё о моей семье

Ранее я писал (просто напомню читателям): у меня два сына, шесть внуков, два правнука, четыре правнучки. Они представляют две ветви генеалогического древа — американскую и московскую. В жизни моей всё не так просто, порой запутано. Расскажу об этом поподробнее.

Начну с американской. Мой старший внук, сын Гриши от первого брака, — Джаш. Два других моих внука — сыновья Гриши от второго брака. Один закончил университет в Бостоне, другой только учится. Оба спортсмены, лыжники. Огорчает, что видимся редко.

В Лос-Анджелесе я сошёлся с гёрлфренд-американкой, мама её русская. Вместе мы были около двух лет и разошлись.

Новая подруга родила ребёнка, мальчика, назвали Джеффри. У меня с ним наладились великолепные отношения, я помогал ему и его матери. Джеффри живёт в Калифорнии. Менеджер крупной сельскохозяйственной компании. Женат второй раз. Детей пока нет.

Теперь о московской ветви. Я упоминал свою самую сильную любовь, подлинную страсть до московской женитьбы — Нину. Она работала в Ювелирторге и была замужем. Жили они, насколько я мог судить, не очень хорошо. Детей у них не было.

В итоге моих с Ниной отношений родился мальчик Серёжа.

После моей женитьбы на Стелле мы с Ниной поддерживали дружеские отношения. Будучи эмигрантом, я приезжал в Москву, встречался с Ниной. Муж её к тому времени умер. Я попросил её познакомить меня с сыном. Мне довелось лишь однажды увидеть его совсем маленького. Нина отказалась. Мотивировала тем, что Серёжа обожал отца, часто ходил к нему на кладбище.

Ещё один раз я приехал в Москву, не зная, что Серёжа недавно скончался. Он очень много курил и умер молодым от рака лёгких. Для меня кончина сына стала ударом. Я долго разговаривал с Ниной, не представляя, что через буквально пару месяцев не станет и её...

Серёжа оставил вдову Олю и троих мальчиков. У меня со всеми сохранились отличные отношения. С московскими внуками постоянно разговариваю по телефону. Мы вместе путешествовали, побывали в Греции, Турции, Латинской Америке...

У внуков уже появились свои дети: у Саши мальчик и девочка, у Володи тоже мальчик и девочка, у Серёжи две девочки. Мои дорогие правнуки и правнучки.

\* \* \*

История моей жизни посвящается моим родным и друзьям, ушедшим и живущим.

> Россия в прошлое уходит.
> Мне жаль народ больной страны.
> Зловещим призраком восходит
> Медаль с обратной стороны.
>
> 2022

*Мои родители и я с сестрой. Начало 30-х*
*My parents and I are with my sister. Early 30s*

*Папа и сестра Циля. 1929 г.*
*Dad and sister Cilia. 1929*

*Мне 13 лет. Кустанай*
*I am 13 years old. Kustanai*

Я в Москве. 1944—1945 гг.
*I'm in Moscow. 1944—1945*

Я с женой Стеллой и сыном Гришей. 1964 г.
*I am with my wife Stella and son Grisha. 1964*

*Счастье отца, радость сына. С Гришей.*
*Father's happiness, son's joy. With Grisha.*

*С сестрой Цилей*
*With Sister Cilia*

*Гриша. Начало 80-х*
*Grisha. Early 80's*

*Три поколения Гилиных*
*Three generations of Gilins*

*Друзья во время поездки в Израиль.
Справа налево: Лев Генин, я, Вадим Гольдберг с женой Лёлей*

*Friends during a trip to Israel.
From right to left: Lev Genin, me, Vadim Goldberg and his wife Lelei*

*Леонид Столович*
*Leonid Stolovich*

Мои московские друзья. Справа налево: Артур Алиевский, Лев Генин, его жена Нателла и Александр Иванников

*My Moscow friends. From right to left: Artur Alievsky, Lev Genin, his wife Natella and Alexander Ivannikov*

Мои добрые ангелы —
Елена Петровна с дочерью
Екатериной Михайловной

*My good angels — Elena Petrovna with her daughter Ekaterina Mikhailovna*

Елене Петровне — 100 лет

*Elena Petrovna is 100 years old*

*Мой сын Сергей с женой Ольгой*
*My son Sergey and his wife Olga*

*Московская ветвь семьи Гилиных*
*The Moscow branch of the Gilin family*

*Иммиграция. В Италии с новой знакомой Лилей*
*Immigration. In Italy with a new friend Lily*

*Я уже в Америке. Лос-Анджелес*
*I'm already in America. Los Angeles*

В Нью-Йорке.
*In New York*

Моя жена Елена
*My wife Elena*

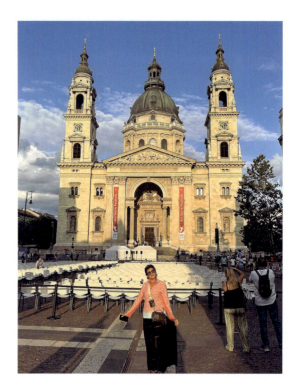

*Моя жена Елена*
*My wife Elena*

*Я с Еленой и ее старшим сыном Димой. Гавайи*
*I am with Elena and her eldest son Dima. Hawaii*

Дизайн этой рекламы придуман автором книги

This ad was designed by the author of the book

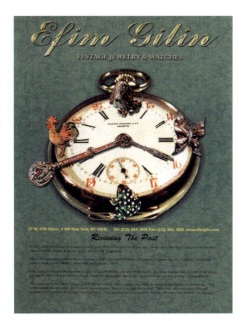

Творческий почерк ювелира Гилина
Gilin's creative handwriting

Творческий почерк ювелира Гилина
*Gilin's creative handwriting*

# CONTENTS

Homeless Angels . . . . . . . . . . . . . . . . . . . . . 127

To Moscow, to Moscow, to Moscow!.. . . . . . . . . . . 144

I'm Back in My Town, Familiar to the Point of Tears... . . 148

At the Nikitskiye Gate, in the Alleys of Moscow... . . . . 153

New Presence . . . . . . . . . . . . . . . . . . . . . . 160

From Arbat to "Lefortovo" . . . . . . . . . . . . . . . 167

Cellmates. Library . . . . . . . . . . . . . . . . . . . 175

Stand Up, Court is in Session! . . . . . . . . . . . . . . 183

Camp. . . . . . . . . . . . . . . . . . . . . . . . . . . 193

Petrov-Agatov: Prophet-Provocateur . . . . . . . . . . . 199

My Emigration. . . . . . . . . . . . . . . . . . . . . . 205

From "Lefortovo" to Fort Lee . . . . . . . . . . . . . . 215

More About My Family . . . . . . . . . . . . . . . . . 222

*Without seeing the storms, who knows the ocean?*

**D. G. Byron**

*It doesn't take long to break a life with a calloused hand.*
*It would take more than a lifetime to right this wrong.*

**A. Mickiewicz**

I don't know my plans and I don't want to load God to build them for me. Despite all twists and turns, I am grateful to God for the right to live in this crazy world and to carry the memory of my family and friends with love.

I wish all my readers happiness and prosperity.

I didn't grow up on the street or in the driveway,
I grew up on the winds of endless roads,
And only God gave me hope,
May good people wish you well.

No daddy or mommy starved to death,
My sister volunteered for the war,
And so many people in this life who are tired
It was all in my head.

And life and fate dictated the road,
And a bunch of intersections to go through.
Crossed the country from end to beginning,
And that was just the beginning of the journey[1].

*2010*

---

[1] The book contains poems written by me in different years.

# Homeless Angels

**W**here to begin, what to take as a starting point? I am faced with a surprising phenomenon: when I go through the years by name, I catch myself realizing how little I knew at that time about the places where I got after a hasty evacuation from Leningrad in July 1941. No wonder—I was not even 12 years old then. And now, leaning over a sheet of paper, I am curious to learn more about the cities and towns where fate threw a boy who dared to leave alone, without his parents.

From the height of my life, I reevaluate and rethink the facts of my very difficult, partly unbelievable biography, and sometimes I wonder: did all this really happen to me? How many times I could have lost my way, fallen and never got up, but God was on my side. Truly, is my life a dream, or are you a dream?

I want to start the story not from the moment of birth, but from that real day, in which everything further is concluded. But what day is it? I was lost in guesswork. My memory suggested it, resurrecting the picture of my departure and farewell to my family in July 1941.

...The streetcar stopped in front of the school... It took us, the students gathered outside the building. I was carrying a suitcase with hastily packed belongings. No one was home when I packed it. My mother knew about my decision to evacuate with the school. She persuaded me not to hurry, promised to make arrangements with her work to go with the adults, but I, stubborn, did not agree. My mother kissed me, crying, I was confused, embarrassed, even ashamed in front of the guys for her weakness.

Who could have known that this would be the last time we'd see each other...

A streetcar brought the schoolchildren to Moskovsky Station. From here my wanderings through towns and cities began.

My parents and my older sister were not going to evacuate in a hurry, they were thinking about it. Nobody realized that there was no time to leave the city...

Of course, we were confident of an imminent victory. The Soviet propaganda of the pre-war years insisted that the war—because of the superiority of socialism—would be swift and fought exclusively on enemy territory, and that we would win with minimal losses. I remember the words of Molotov's address on the first day of the war: "Our cause is just, the enemy will be defeated, victory will be ours."

At that time, no one said the ominous word "blockade." No one simply did not know it, nor expected to apply it to Leningrad and its inhabitants. In the July night sky hung balloons. I and my old friend Igor Golubkov on behalf of the military commission delivered summonses to volunteers and Igor and I could not live without each other. Together we attended the military club of the Palace of Pioneers. The 30s were the years of the first five-year plan, the years of great feats of labor and courage. It was a generation of winged. Chkalov dreamed of flying "around the balloon," and boys raved about aviation and went to flying clubs. Me, Igor and another friend of ours, Lenya Stolovich, also tried to enroll there.

We were different with Igor, my first childhood friend. We went skiing in Kavgolovo and other places. I remember taking a streetcar to the Yelagin Islands in bitter cold. Standing on the streetcar platform, he was very cold. I told him: we'll get to the place and warm up there, and plus in the movement on the piste it will become warm, his fingers will stop whining. "We are hardening ourselves", I convinced him. But Igor didn't listen and turned back. Different personalities were in evidence. My friend was more malleable, less resistant, persistent, which did not prevent us from being friends.

What then happened in Leningrad, which I had left? In accordance with an order from the housekeeping department, people began to tape the windows of houses with paper—the very cross-shaped pattern that was supposed to protect the glass from being destroyed when bombs exploded appeared. The situation was get-

WE ARE NOT DESTINED TO FORSEE...

ting worse every day. The card system of food supply was introduced, which meant shortages and, consequently, long standing in huge queues.

The city leadership made a mistaken decision to transport children to sanatoriums, children's camps and public organizations located in the Leningrad region. The fact that enemy troops were already on the outskirts of Leningrad was ignored. The evacuation of children was complicated by the rapid advance of fascist and Finnish troops, lack of communication and reliable information about the location of enemy troops, not timely or not fully corrected plan of action, interrupted in late August railroad communication and other factors. Trains with children were subjected to barbaric raids and attacks of German pilots who bombed railway stations and shot them from airplanes. From the "evacuation" children and teenagers were forced to return to the besieged city, where residents of the Leningrad region, Karelia and the Baltic States also arrived.

And famous writer Saint-Exupery comes to mind: "Where am I from? I come from my childhood. I come from my childhood, as from my country." My country was in the fire of fires, in hardship, hungry, cold, homeless.

Our train, fortunately, was not bombed. A couple of days later we arrived in Kostroma. The first point of my military wanderings. I had no idea what lay ahead and how many more towns and villages I would have to live in, and who could have foreseen it.

We were settled on the bank of the Volga River in a large pioneer camp. We were considered a boarding school. I was the youngest in the senior group. There were none of my classmates or any of the guys I knew—a hodgepodge.

At the pioneer camp, I was probably the only non-pioneer here. I was not accepted because of bad discipline. One day during a lesson the guys started writing notes with foul words. This did not go unnoticed, a girl sitting on the next desk took a note thrown by someone and passed it to the teacher (not my favorite Anna Grigorievna—she was absent for some reason), pointing out my "authorship." Scandal! I was summoned together with my parents to

EFIM GILIN

the pedagogical council. My father asked the director what I wrote, he whispered in his ear: "p...y." I had to say goodbye to my stay in a wonderful pioneer organization, which I was very happy about...

In September, the evacuated children were moved to the school premises. We slept in classrooms and the gymnasium. The food was poor, not unlike in the pioneer camp. We wandered through vegetable gardens, collected or simply carried and ate cabbage and vegetables. We help the front—we go in groups to stuff machine-gun tapes for airplanes. Then we are sent to the collective farm to manually rub (harvest) flax. We were fed with young potatoes and drank milk with black rye bread. The taste of this bread has been preserved to this day...

I felt more and more lonely, sometimes crying silently at night. I did not grow up spoiled, but children are vulnerable, in need of parental care. I was left alone with the harsh reality.

Letters and postcards from home came less and less often, and then stopped altogether.

I saw in my memory my father Efim, austere, limping, walking with a stick. He was a furrier, working in an artel and at home. He was proud of the fact that he sewed fur hats for the Chelyuskinites. In the late 20s, during the NEP, he was arrested, the Chekists were looking for gold. Our dwelling was searched, nothing was found, my father was released. In prison he caught a bad cold, had problems with his spine, hence his limp. Riva Traynina's mother worked in an artel for the disabled, as a manager, in modern parlance.

Like any mom, she was kind, gentle, my protector.

My mother's two brothers, Pavel and Solomon, lived in Leningrad. Pavel worked in a fur atelier and was single, Solomon was married and had two daughters a little younger than me. We often went to visit them at their house on Zhelyabova Street.

(By the way, my mother's relative was Aron Naumovich Traynin, a Soviet legal scholar, criminologist and criminal law specialist, Doctor of Law, Professor, Corresponding Member of the *USSR Academy of Sciences*. In 1945, Traynin represented the Soviet Union at the *London Quadrilateral Conference*, which was working on the statute of the *International Military Tribunal* for the upcoming *Nuremberg trial* of the major war criminals in World War II, and then participated in the trial as a consultant to the Soviet prosecution).

Why didn't my parents evacuate, why didn't they leave the city when they had the chance? These questions tormented me, and I could not find a firm answer. Perhaps they believed the Soviet propaganda that the city would not be surrendered to the Germans. Or perhaps they didn't want to leave a good apartment. We lived in Malkovy Lane, between Sadovaya Street and the Fontanka embankment.

Our house number 4 was opposite the famous Yusupovsky Garden.

Quiet picturesque place in the old city center. In the depth of the garden, the classical lines of the ancient palace of the Yusupov princes attracted the eye. In front of the mansion, among the greenery, a large pond of fanciful shape spread out, a romantic bridge spanned from the shore to three islands, where in the evenings lanterns flickered, and on the benches sat lovers. All this gave birth to a lovely image of the last century.

Two churches used to stand nearby, but the Bolsheviks destroyed them.

Our house consisted of two buildings: a 4-story building without an elevator and a 6-story building with an elevator. We lived in the 4-story building, on the top floor, in apartment 102. The house was built in the 20s, I didn't know exactly how—it seems to have been built on the shares of future tenants. The Gilins got a separate dwelling of three rooms—a rarity at that time. Of course, it was risky and even dangerous to leave such "mansions" without supervision. Who knew how such apprehension would turn out...

Remembering our apartment, for some reason I see only pranks: for example, as during battles with neighboring boys throwing potatoes at them from the fourth floor...

In October '41, some of the children evacuated from Leningrad (myself included) left Kostroma. We were loaded onto a steamship, and in the hold, amid the rumbling of the We sailed to Ulyanovsk, Saratov, Kuibyshev. Without staying anywhere, we moved to the teplushki of freight trains and moved along the railroad towards the cold weather in Chelyabinsk. We had two tiers of bunks in the teplushki: 12 people on top and the same number below.

In sub-zero temperatures we were taken in buses to Brodokalmak, 80 kilometers from Chelyabinsk, and housed in a school. The school was brick, one-story, and the classrooms were heated by stoves. On the road, we had not washed for a long time, we got lousy, shook off insects on newspaper and plywood sheets and from there—in the stove.

Brodokalmak turned out to be a large village, a district center. In the early 30s, many of the inhabitants were kukulized, leaving many empty houses. Exiles from various places in Russia settled in them. The places were fertile: the surrounding forests were rich in animals, mushrooms and berries, the river was full of fish and crayfish. The village stood on magnificent black earth; an evacuated agronomist from Poltava assured that this black earth was not worse than Ukrainian. But there was a war, the men went to the front, the remaining women grew mostly potatoes, which was almost the only food. However, according to the villagers, it would not be enough until the next harvest, so they boiled nettles. Food became scarce starting from the Finnish War, and, according to the old residents, the old men began to die one by one.

We learned to survive in harsh conditions. In the birch forest we cut the bark of trees and drank birch sap. Local kids brought potatoes, we baked them in the forest and almost made a fire—the grass caught fire at the edge of the forest. The evacuated children worked on forest processing. The forests were purely deciduous, birch, sometimes with an admixture of aspen. Maples, oaks, lindens were nowhere to be found. We cut branches and limbs and stacked them in stacks.

I got frostbite on my feet—two toes on each foot—and ended up in hospital. I got better.

On Saturdays we travel to villages with "amateur concerts", the director of the boarding school gives lectures, then we go to the huts and collect alms—who will give what they can from food to the evacuated Leningrad children.

And time passed, the spring of "42 came. There were no letters from home. There was complete uncertainty ahead. 'How many children roam the world, homeless angels of war...'

I already had some idea of Hitler's attitude toward the Jews, of the Fuhrer's order to exterminate our nation, I did not know my grandparents, I had only once glimpsed my maternal grandfather. They were from Belorussia, occupied by the Germans. What fate awaited them if they did not manage to leave (and most likely they did)? Mom's older brother Yakov and his wife were killed. Their sons joined the partisans and fought until the liberation of Belorussia. I learned this much later.

I had the address of Polina Dyakova, Aunt Poli, my mother's sister. She was evacuated from Moscow to Kustanai. Before the war, she worked at the Timiryazev Academy and was an old Bolshevik. I was friends with her eldest son Vilya. We corresponded when he was in tank school. Then the correspondence was interrupted—Vilya died at the front. I still have his postcard sent from the front. My other cousin Volodya was two years older than me. Aunt Poli's husband, also an old party member, an associate of Ordzhonikidze, foreseeing the imminent arrest, went into hiding, went to an unknown destination and thus saved himself. As far as it was known, such fugitives were hardly ever searched for—the country was huge, people disappeared like needles in a haystack. I learned about it much later—at that time I didn't think about it, my thoughts were on other things, I was essentially a homeless person, and my task was to *survive*.

Brodokalmak did not promise much in terms of survival, and I led a half-starved existence. After some thought, I decided to go to Aunt Paula's place in Kustanai. But how to get there? I learned that from the village to Chelyabinsk go trucks with grain, preserved in the barns. Late in the evening I stealthily jumped into the back of the truck and lay down on the sacks. The chauffeur didn't notice anything. That's how I reached the city in a bumpy truck, bumpy on bumpy roads, hardly sleeping a wink.

It was early morning. I got off the car, found out the address of the OBLONO (Department of Education) from passers-by, lay down on a bench near the right house, and, wrapped in my skinny clothes, fell asleep.

The sun woke me up. Soon I was in front of the inspector, a young girl with funny pigtails. I was already convinced in practice that this was the kind of institution where help was needed. Then the usual explanation worked: "I am a Leningrad resident, evacuated, alone, my parents stayed in the besieged city. I am going to my aunt in Kustanai..." It sounded like a password. The girl gave me food coupons and told me the address of the nearest canteen. Having satisfied my hunger and having received a few pieces of soap on coupons (true wealth at that time!), I went to the station. I found out when there would be a train to Kustanai, and went, of course, without a ticket.

I remember these episodes and marvel: how could a 12-year-old boy, whom everyone called softly and affectionately "Beba," manage to find the only right decisions in the conditions of war? I was not a spoiled child, not at all, I lived and was brought up in a normal family, much, if not everything, was decided for me by my parents, and now I had to decide everything for myself. Apparently, the persistence, resilience, ability to adapt to circumstances, and worldly intelligence inherent in genes worked. As for my Jewishness, I will tell you directly that I did not feel it in any way, even if it may not seem strange to some.

Thoughts of home, of the seemingly serene life in Leningrad did not let go. I really wanted to have a bicycle. My uncle promised to buy one if I studied well. He had a bicycle, and one day he said: "Show me that you can ride." The bicycle was a woman's bicycle, and I lied that I could. It was in the countryside. I got on and rode, jumped out on a neighboring street so my uncle wouldn't see further, and then fell off, because I didn't know how to turn or stop.

Every now and then images of the old days surfaced: I was visiting, collecting empty *matchboxes*, shoving them behind my sinus to use them as toys—miniature wheels were attached to them, making a train; I cut my hand with my father's skinning knife and tried to hide the traces of blood from my parents, otherwise I would get caught for taking the knife without asking; I took my cat to the vet—she choked on a bone, then I buried her, and before that

I ran to the pharmacy to get medicine for the animal. My mom said: "You won't take care of me like that;" I fried potatoes for my mother on the primus and ate the golden fried slices little by little... How recent everything was... I see the faces of my friends on the Dogs" Playground, and in between—the kindergarten on Pod'yachaya Street, and tears—I don't want to go there, I want to become a pilot...

I dream about my parents often, in my dream I saw stuffed fish, which I didn't like, but in my dream I promised my mom that I would eat it now.

My first teacher, Anna Grigorievna, was the favorite of all the boys, including me. Blonde with blue eyes and correct facial features. It was this image that instilled in me a taste for women for many years.

I think about Anna Grigorievna and involuntarily recall something related to my studies. There was a girl with the funny name of Kopytova sitting at my desk. She used to cheat off me all the time. Once, during a dictation, I had to write the sentence "the hunter caught a hare." I deliberately wrote: "the hunter caught (by the balls) a hare", but I put the brackets on afterwards, and Kopytova wrote it off like that.

Anna Grigorievna gave birth just before the war. She evacuated with us to Kostroma. On the way, her infant died in a *teplushka.*

Aunt Polya was pleased at my sudden appearance. She didn't know much about my parents, except that there was total hunger in St. Petersburg and people were dying every day. Her message, understandably, did not reassure me. She worked as an agronomist at a state farm near the city. She left early in the morning and returned late at night. I lived with her. My aunt assigned me to the canteen.

Kazakhstan's Kustanai lived like any other rear town, helping the front in any way it could. They made overcoats, cotton coats, half-coats and fur vests, valenki, mittens and gloves, ear hats, a large number of warm underwear for the Red Army soldiers. Schoolchildren collected rose hips, dried mushrooms. Girls, who did not go to the front, learned first aid and restored soldiers in hospitals. In general, everyone helped as much as they could. Three evacuation hospitals were deployed. Not only hospitals but also schools became hospitals.

But there was no nourishing life here either.

I met a guy named Boris Portnoy. They called him "Borya the American." He was indeed an American; his father was the chairman of the tailors" union in Chicago. The family, fleeing the Great Depression and imbued with communist ideas, came to the USSR in the 30s to help build socialism. Many years later, after I had emigrated to the States, I learned that many Americans in the USSR were repressed and paid with their lives.

But at the moment Portnoy Sr. was working in an industrial warehouse, and Borya's sister was working as a tractor driver at the state farm. Borya helped me, supported me with food. (Already in peacetime I found him in Moscow, he was studying at the institute. I asked him to help me get a certificate for seven grades, but he said he couldn't do anything. That must have been the case...)

...One day I had an unbelievable encounter. A girl knocked on the door of Aunt Poli's house. In spite of the hot summer weather, she was wearing a turtleneck and a warm shawl. She looked haggard, and her tired dark eyes, as if covered with ashes, exuded pain. In a quiet, depressed voice she asked me if Polina Dyakova lived here. I confirmed it. The girl took off her cloth and shawl. Her black, uncombed hair was sticking out in braids.

"Who are you?" I asked.

The girl hesitated to answer. She tried to smile. Her lips twitched slightly, and the smile failed.

"I'm your sister," she whispered.

Yes, it was her, my dear sister Tsilya. I didn't recognize her. A tall, slender, beautiful brunette with dark eyes (that's what she looked like in St. Petersburg before the war) had turned into a dystrophic.

She began to narrate. With each passing minute, I became more and more anxious. I was learning things I could only guess at before. Tsila told me that Daddy and Mommy had died of starvation in

WE ARE NOT DESTINED TO FORSEE...

March. that she had been saved from death by our third uncle, who had found a soldier exchanging valuables for food. He was unable to save his wife and son—the soldier had disappeared somewhere.

Tsilya was taken out by the Road of Life on the ice of Lake Ladoga. People, primarily children and teenagers, began to be taken out en masse in February 1942. The Road of Life was bombed every day by German aviation, and the ice broken by trucks often fell under the overloaded vehicles. But there was simply no other way to escape.

"I was taken out on April 4. There was more than one car, we were traveling in a caravan of several boxcars. When the bombing started, a shell hit the first car, and a hole was formed in front of it. And I remember very well how children were taken out of that car and transferred to other cars, and to our car, and to the ones behind us. And adults were transferred too. There was no snow, there was water on the ice. I remember how water was coming off the wheels of the car in front of us in fountains. Apparently, the snow was already melting…. I don't remember how we got to the other side of the lake, but I guess we stayed there for some time, because then we were loaded on barges and taken on water, we were floating for a very long time. At the wharves they let us out—probably to stretch our legs. And at every wharf we were met by women, all of them for some reason wearing cotton jackets and girded with soldier's belts. And they kept repeating: 'Leningrad children, Leningrad children.' Somebody put a potato in our hands, somebody gave us bread, somebody gave us seeds, everybody tried to give us something to eat. And we were sailing in the hold, and people were dying right there, and they were wrapped in some rags and not buried, but just thrown overboard. That's what sticks in my memory very strongly—that not everyone made it."

Tsilya, she said, took about a month to get to Kustanai.

After my sister's story, I couldn't sleep. Before I had cherished the hope that I would meet my father and mother; I thought I could see them in the crowd, or rather, I searched with my eyes for people who looked like them. Now it was all over. Before going to sleep, when no one saw me, I talked to them and cried.

# EFIM GILIN

\* \* \*

In recent years, long rooted in America, I often return to the events of the Leningrad blockade that took my parents from me.

During the defense of Leningrad and attempts to break the blockade, more than 300 thousand Soviet soldiers died, and more than 100 thousand more were missing. The losses of the civilian population were even greater: according to the data given during the Nuremberg Tribunal, 632 thousand people became victims of the blockade. Some modern researchers consider these figures understated and speak of 1.5 million victims.

Only about 3 percent of the dead Leningraders were victims of bombing and shelling, the remaining 97 died of hunger and deprivation.

According to the American philosopher Michael Walzer, "more civilians died in the siege of Leningrad than in the hells of Hamburg, Dresden, Tokyo, Hiroshima and Nagasaki combined."

In the post-Soviet period, a theory became widespread according to which the retention of Leningrad by Soviet troops was inhumane to the civilian population and the city had to be surrendered "to save women and children."

An example of such views is the position of the well-known Ukrainian journalist Dmitry Gordon, who stated in May 2019: "Let's imagine that Leningrad would have been surrendered to the Germans, just for a second. Of course, all the Jews would have fallen from German bullets and ropes, would have been hanged and shot, that's understandable. But the lives of many other people would have been saved!"

In 2014, a high-profile scandal broke out with the Dozhd TV channel, which, for the 70th anniversary of the lifting of the blockade, offered its viewers a question: "Should Leningrad have been surrendered in order to save hundreds of thousands of lives?" By the time the authors of the poll decided to end it, 54 percent of those who voted were in favor of surrendering Leningrad.

This assumes that such an alternative—"saving lives by surrendering the city"—existed at all. I have read a lot of literature on this subject and learned that such a possibility was denied by the German commanders themselves.

On October 7, 1941, that is, only a month after the ring had closed, Alfred Jodl, chief of operations of the Army Command, told Field Marshal General Walter von Brauchitsch: "The surrender of Leningrad and later Moscow must not be accepted even if it were offered by the enemy ... Their population must not be fed at the expense of the German homeland..."

That is, no one was going to save the lives of the inhabitants of Soviet cities, destroying them was part of the Nazi program of action.

\* \* \*

I will return to the stay of me and my sister in Kustanai.

I started running around to various institutions, getting lunch coupons and feeding my sister. It worked without fail: "I am a Leningradian. In the canteen I took some bowls with 'galushki' (hot water with balls of coarsely ground flour), my sister started to drink this water. I poured out the rest of the liquid and left the 'galushki' for my sister. She, a blockadnik, was surprised by this—how can you pour out the liquid from the 'soup"?

Borya Portnoy sometimes obtained tile tea, a special favorite of the Kazakhs, and millet. I learned from the Kazakhs how to roast it, which made a rich porridge. My sister used to eat the whole pot...

Speaking about evacuation, I made a conclusion, which I do not insist on, but it happened to me in exactly the same way. The mothers of many children were the most sympathetic and kind-hearted towards me.

...I'm wandering hungry and frozen along the sleepers. Night is getting ready to give way to dawn. A few houses near the railroad. I look in one. I'm running out of energy. I lie down on the doormat in front of the front door and fall asleep. I wake up to the ticking of the clock above me. I lie on the floor of the upper room, covered with sheepskin. A woman with several children is sitting at the table and invites me to share a modest meal with them: boiled potatoes, cucumbers, boiling water. I feel a feast in my soul.

On Aunt Paulie's advice, we're going to Semiozerki. She assures us: "there are milky hands and muddy shores there." (The reality looked quite different). We are going on a long journey. It is the beginning of winter, frost, we are dressed lightly. At the Kartaly junction station the unimaginable is going on—crowds of evacuees, neither sit down nor lie down, a real human anthill. There was no sense to stay in such an environment. We decided to walk from the station to the nearest village, which is a few kilometers. Here the blizzard starts. In one minute the road was swept away; the neighborhood disappeared in a cloudy and yellowish gloom, through which white flakes of snow flew; the sky merged with the earth. Last year I had been in the hospital with frostbitten toes. I didn't want to do it again, but what could I do?

The wind is howling harder and harder. We knocked on one house—the Kazakhs opened it, asking for shelter and warmth. They don't understand us. In another house a Russian woman invites us to wait out the bad weather, gives us boiling water, and we warm up. The blizzard seems to be weakening. We go on. We go out into the field—it is blizzarding again. We see a geological tower not far away. We go in and warm up again. There's nowhere to sleep. The owners give us a horse with a sledge on condition that we reach the village and return the horse when the blizzard passes. We leave. My sister is crying that she is completely frozen. The horse and the sleigh got stuck in the snow—I must have lost my way. I leave the sledge and my sister and wade through my strength into the village, which is already close by. I pile into the first hut, fall down without strength, begging to save my sister, who was dying in the steppe. They literally brought her in their arms, began to rub us with snow, sat us on a Russian stove...

We didn't go to the hospital, everything ended safely...


...Semiozerki, where my sister and I went from Kustanai, turned out to be a large village. At first we lived in half-empty huts. Then we were sheltered by evacuated women with five children each.

I remember I was assigned to slaughter a chicken. I took an axe and chopped off the head of a tufted hen. I had never done such a thing before or since, nor could I. But I lived in a different dimension, when quite different things were valued... Looking ahead. At a dacha near Moscow, my son Grisha saw how the hostess slaughtered a chicken, and cried. I could barely calm him down....

## WE ARE NOT DESTINED TO FORSEE...

In Semiozero, life for my sister and me did not become more prosperous. We worked at various jobs, struggling to make a living.

Borya Portnoy gave us some tile tea and millet for the road. Such tea was very valuable among the Kazakhs. It could be exchanged for food. However, it did not last long.

We were offered to go to the farm of the Volga Germans who had settled nearby. Volga Germans were deported at the very beginning of the war as possible collaborators, as the Kremlin believed. As a rule, they were informed of their resettlement at night, when unknown men knocked on the doors of unsuspecting villagers. They were taken to Siberia, Kazakhstan and Central Asia.

At the Germans, polite, kind people, we unfortunately did not stay long and returned to the village.

The locals were pleased to describe the beauty of the local nature: lakes with fresh water, springs, pine forests, birch forests, beautiful pastures and hayfields. There are a lot of berries (cherries, strawberries, briars, wild currants) in the forests and birches. It is known that nomads moved with their cattle from the south to the north at the onset of spring. The neighborhood of Semiozero was a perfect place where they could stop and rest, feed and water their cattle. Wood could be found here to build dugouts and cattle sheds.

We did not have the chance to see it all—after surviving the winter, we moved to the town of Troitsk, to another of our aunts, Nina, who lived with her two children, Volodya and Natasha. Her husband Semyon worked at the institute "Teploelektroproekt" and stayed in Moscow. The families of the employees were evacuated to Troitsk.

What was the new point of our wandering through the rear towns and cities? At first I found myself in an evacuated machine-tool factory, in a tin workshop. I was literally deafened by the noise. The master tinsmith, deaf as a stump, taught me his craft. We, among other things, made cans out of cans into bidons—a thing in short supply. The shop foreman said: "Nothing, start working, master the profession, now it's hard for you, but you do not get upset, but then in life will be easy." I remembered this fatherly admonition for the rest of my life.

Then I was transferred to another workshop, and I began to specialize in consumer goods—making buttons. Raw materials In Germany, we were told, buttons were made from the windshields of decommissioned fighter planes, and we stamped them from old gramophone records softened by fire.

Aunt Nina's husband Semyon sent piles of central newspapers from Moscow. I sold them by the piece at the market.

There was also another part-time job: together with a guy I drove a booth on wheels, where bread was sold on cards. The saleswoman, evacuated from Moscow, suggested: "Come on, boys, coupons from the cards, I'll pay you back for your help." We ran to the market, bought coupons, gave them to the saleswoman and continued driving the booth. In the end, she cheated us and pocketed the coupons without thanking us.

I remember a conversation with a new acquaintance, a native of these places. He and I were sent to weed carrots a dozen kilometers from the city. We walked on foot across the steppe, bare and dreary. My acquaintance began to praise the landscape. He especially emphasized the rich hunting. I praised our forests near St. Petersburg, and he suddenly said: "I would die of boredom in such a forest..."

For a while I worked on a collective farm. I had to spend the night in the haylofts, unsuccessfully fighting fleas. I decided to "change my location" and move to a dugout with a grassy roof. In the morning it was drizzling, I woke up, stood up, took a couple of steps and fell off the roof. I forgot that I was not sleeping on the ground.

On free days, without a pass and a ticket, I "hailed" to my comrade Borya Portnoy in Kustanai.

> I'm carrying a wooden suitcase
> Russia crossed in a commodity,
> The war shredded Russia,
> I dreamed of a piece of lard.
> I wanted to be fed for a day,
> I didn't become a thief or a bandit.
> I didn't think about God back then,
> And he was opening roads for me.

## WE ARE NOT DESTINED TO FORSEE...

Fate was breaking all barriers,
And God sent me life as a reward.
*2010*

...My 19-year-old sister volunteered to go to the front. I saw her off to the train station. I got five rubles and bought her a flatbread for the road. We said goodbye with tears. Looking ahead, Tsilya fought honorably, reached Prague, was not wounded. We met her after the Victory in Leningrad...

# To Moscow,
# to Moscow, to Moscow!..

In Chekhov's play "Three Sisters" this phrase is repeated with longing by the sisters who are suffocating in the mire of provincial life, but have no will to get out of it.

I, understandably enough, was concerned with quite different problems. I did not think, did not dream of getting to the capital, my priority was and remained my beloved Leningrad, where, however, none of my relatives were waiting for me. I got to Moscow, one might say, by accident.

Aunt Nina asked me to deliver potatoes and tomatoes to the capital for the employees of "*Teploelektroproekt*." Together with my partner, a deaf guy, we loaded boxes of potatoes and green tomatoes into a freight car. We traveled for two weeks, the green tomatoes ripened and turned into red ones. Finally, we reached Moscow. We loaded the boxes from the wagon onto an open platform, and for a couple of days I guarded the cargo until it was taken away.

There are advertisements for labor force everywhere, I read them and don't know what specialty to choose.

It was my first time in the capital. I wander through the streets and alleys, turning my head left and right, especially struck by Red Square. I can't help comparing it with Leningrad—the architecture of my native city, which I walked all over on foot and traveled around in peacetime, is still closer to me.

I spent a few nights at Uncle Semyon's house. Then I started "going through the authorities." And once again in the offices of officials the refrain was: "I am a Leningrad resident, an orphan, I lost my parents in the blockade...". I was welcomed and helped.

I was given a coupon to buy shoes at the district executive committee. I went to a store on the *Vorobyovy Gory* (Sparrow Hills), where the university was later erected, and received wooden-soled shoes. I enter them in the subway and there is a knock, as if I were hammering nails or tap-dancing. I go outside and throw the shoes away. It starts raining, I jump into a trolleybus barefoot, I get an electric shock...

In my short life, there have often been difficult periods. But somehow I have always gathered my courage and reasoned that even in these moments I am surrounded by the world in all its uniqueness; I am healthy, my eyesight and hearing are fine, I see and hear everything, and what if I were blind or deaf? I exist, I move and I should be happy with what I am. Act, fight for the best, don't give in to despondency, I told myself. That kind of psychotherapy helped a lot.

On August 5, 1943 in Moscow salutes of artillery salute in honor of the liberation of the cities of Orel and Belgorod. This salute was the first during the Great Patriotic War. Late in the evening of August 5, I heard on the radio, as the famous announcer Yuri Levitan read out the government message: "Today, August 5, at 24 hours the capital of our homeland — Moscow will salute our valiant troops who liberated Orel and Belgorod, twelve artillery salvos from 120 guns.

I was awake and, going outside, observed all this beauty that blossomed the starry Moscow sky.

I was looking for something to do, where and how to start earning money, so as not to sit on Uncle Semyon's neck. The "Pravda" newspaper printed articles that said: in the first two years of the war, thousands of pre-school and school-age children were left homeless, without means of subsistence, and became orphans or half-orphans. Many of them lost not only their parents, but also all their closest relatives. The liberated cities of the western and southwestern regions of the Soviet Union were sometimes a pitiful sight: flocks of street children, often led by criminals, ran among the smoking ruins and ruins; orphanages and foster homes were woefully inadequate. Penalties for juvenile offenders were being toughened.

For those children and teenagers who had not committed any crimes, but had lost their parents at the war fronts, by a decree of

August 21, 1943, it was decided "to organize nine Suvorov military schools, of the type of the old cadet corps, with 500 students in each, a total of 4,500 students with a term of 7 years, with a closed boarding house for the pupils..." And further: "In Suvorov military schools to accept boys from the age of 10. For the purpose of complete staffing of all Suvorov military schools in 1943, as an exception, to make admission of four ages—from 10 to 13 years inclusive".

When I learned about this decree, which directly concerned me, I went to the district military enlistment office on the Garden Ring. Against expectations, I was refused enrollment. On November 29, 1943 I was 14 years old. I suppose my age was an obstacle to enrollment in the school. If I had been a year younger, there would have been no obstacle. I don't know any other reason for the refusal.

Close to the military enlistment office, in the courtyard of a large house, there was a metal workers" trade school No. 12 (RU). That's where I went. I was attracted by the fact that tuition, accommodation and meals were free of charge. The students were also provided with clothes, shoes, underwear and textbooks.

In RU I acquired a specialty as a tool fitter and was assigned to an airline that did not evacuate.

I worked mostly the night shift. Tired. One day, I almost fell asleep at the workplace with my partner. The plant director was making his rounds, saw the sleeping boys and ordered me not to put them on the night shift.

Some time later, I was transferred to the Institute of Aviation Engine Building. (CIAM). During the war, workshops were organized at the Moscow site of CIAM for repairing aircraft engines, both domestic and foreign, which came under Lendliz.

I was put in charge of the lathe. I was trained as a mechanic, but I was not very familiar with turning, so I did not succeed. Seeing such a case, I was transferred to the shop, where I began to work in my specialty. The Institute was located in Lefortovo. The windows of my workshop looked at the infamous prison. Could I have imag-

WE ARE NOT DESTINED TO FORSEE…

ined that in 26 years I would be looking at the Institute's buildings through the prison bars!… But more about that later.

I worked at CIAM until the end of the war.

To my joy, I met a charming girl, Ekaterina Polyanskaya, an inspector at the Regional Education Department. I couldn't call her Katya—I addressed her by her first name and patronymic. She became my good angel. How she liked me, I don't know. Most likely, she sympathized with my orphanhood and helped me as much as she could. Thanks to her participation, I was dressed in a blue *telogreika* (jacket)—American lend-lease aid. In my outfit were added half-boots bought at the market. The shoes had a peculiarity—one shoe was red and the other was brown. I had to smear the red one with dark cream every day, as if to equalize the color with the other.

I got to know my good fairy's parents and visited their home. When I lived in America and came to visit them in Moscow, I made sure to visit them.

# I'm Back in My Town, Familiar to the Point of Tears...[1]

In August 1945, I was finally in Leningrad, which I never stopped missing. My sister was demobilized and joined me.

And here I was in my hometown. I can't find the words to describe my state of mind at that time. Everything around me was close and dear, but my mom and dad had been gone for three years. I felt my orphanhood at the long-awaited meeting incredibly keenly...

Sadovaya, Yusupovsky eats time and granite,
An open work of cast-iron ligature along
                              the garden is ringing.

Like a flock of frisky birds, the children flew.
Sadovaya, Yusupovsky—a distant time.

The trees and shrubs were buzzing like a forest,
The war has wiped away the imperishable beauty.

Sadovaya, Yusupovsky, District Park of Culture...
And a huge sculpture of Lenin appeared.

The trees got small and the pond got smaller.
All gone is the willow tree, the weeping ideal.

The willow tree on the bank of the pond is no longer crying,
The lilac thickets disappeared without a trace.

The path only winds its way through the garden,
No one treasures the former landscape of awe.

---

[1] The first line of Osip Mandelstam's famous poem.

WE ARE NOT DESTINED TO FORSEE...

Sadovaya, Yusupovsky eats time and granite.
Only the children are still jingling with joy.

*1958*

## Elegy about Petrograd

Wandering the streets. History
Lying wrapped in fog,
It sounds like a hymn, like an oratorio,
About death, about life, and about deception.

And like a volcano falling asleep again,
Talking to the earth all of a sudden,
So the heart, the memory is the foundation,
It stirred up a circle of thoughts.

Nocturnes, fugues and sonatas,
Preludes of a dashing fate,
Ordinary plots
Triumphs, failures and struggles.

Architecture of old buildings
Its majesty beckons,
Like banned books,
Like marble, bronze and granite.

The asphalt covered the paved stone,
As a truth of life Jesuit,
But the stone remembers ice and fire,
All someone remembers, but... silent.

Wandering the streets. History
Lying wrapped in fog....
The Astoria Hotel is booming,
Isaac the giant is frozen.

*1960*

Where to live? This problem became acute. There were strangers living in our apartment in house No. 4 in Malkovy Lane—two brothers, one with his wife. They occupied two rooms. My sister and I appealed to the court

on the return of the housing did not bring any result—the judge ruled: "put on the waiting list". We had to take a vacant small room.

I got a job at the *Russian Samotsveti* (Russian Gems) plant. My uncle Solomon Traynin, who worked at the plant, helped me find a job.

Working here, I gradually learned the history of the unique factory. In 1721, at the command of Peter the Great, the "Imperial lapidary factory" was established in Peterhof. For the development of the factory, the best masters of gold and silver work were then sent to the new Russian capital, also invited foreign jewelers in order to "diamondize" diamonds, polish and polish precious stones. The masters created voluminous bowls, vases, table decorations and compositions of colored stone, church utensils, and all this was richly inlaid with precious stones.

Already at the beginning of the 19th century, products made of Russian stones were highly valued abroad; they were often presented as diplomatic gifts. In Russia, malachite jewelry, gilded bronze, and stone mosaics of various types were used to decorate royal and aristocratic interiors.

Russian Samotsveti continued to master the technologies of jewelry manufacturing laid down by the Russian jewelry industry. By the 1930s, the factory had expanded considerably, and branches appeared in major cities of the country.

A large state order from the Russian Samotsveti factory was an exhibit for the 1937 Paris World's Fair. The center of the Soviet pavilion was to be decorated with a large-scale mosaic map of the Soviet Union inlaid with precious stones. Masters of the factory created a huge panel "The Industry of Socialism". Hundreds of people were involved in the project. The panel created a sensation.

During the war, Russian Samotsveti's production was evacuated to the Urals. And the Leningrad plant began to work for the needs of the front. After the Victory, production began to be restored.

Masters decided to revive the almost lost enamel-filigree technique for making silverware…

That's what a legendary enterprise I found myself in. However, I had nothing to be proud of—I was assigned to general work that did not require qualifications. Boring, non-creative work. Then I was transferred to the jewelry shop. For two and a half years I learned a lot, as I worked in the company of several coryphees. Participating in the city industrial exhibition, I won the third place for an innovation in the manufacture of jewelry.

Nevertheless, he left the business after being persuaded by a relative jeweler, the son of Uncle Solomon. He suggested a new business: restoring and selling watches.

By contacting watchmakers, we received repaired movements, often in new cases. I sold them mostly at train stations, mostly to military personnel. Survival life had taught me not to be a stranger to any kind of income, to take advantage of every opportunity, often violating the accepted order of private trade.

I wanted to look fashionable: I put wedges in my cotton blue pants, making a sailor's cloche—the cry of fashion. My friend Igor Golubkov, who had returned from evacuation (his family had been deported at the beginning of the war—I don't know the reason, thank God they survived), called me to dance, and I called him to the market and the train station where I sold watches. This is where our paths diverged….

Seryozha Novozhilov helped me in this endeavor. He was from a family of old Bolsheviks, but he was no stranger to making money by selling watches. Questions of morality did not bother him much. I found out that he was a chekist—lieutenant in the MGB (Ministry of State security).

…At that time, women started to pay attention to me. I returned the favor. A new page of my biography was opening. There were unforeseen moments. I was already in technical school and one day I came to St. Petersburg on vacation. I went to a restaurant with some friends. I noticed a beautiful girl from someone else's company and asked her to dance. We got to know each other. She said that she was completely free and had nothing to do with that company. I invited her to our table and we had a nice evening. I found out—she had a child, her husband had left. Deep down I felt sorry for her. I accompanied my new acquaintance from the center, where the restaurant "Astoria" was located, to Petrogradskaya side, to her house. I was in a lyrical mood. The girl said "I live in a communal apartment. But you can come to my place, but I'll first see if my son is asleep, and you wait at the door." I waited for half an hour, the girl never came out to say goodbye. She simply lied to me. I was upset.

Many years later, already in prison, I read Democritus, and remembering this story, I partially agreed with his conclusion: "A woman is more prone to everything bad than a man. Perhaps the philosopher and I, along with him, are wrong....

At that time, I became interested in playing billiards. There were billiard rooms in hotels, for example, in "Oktyabrskaya" on Moskovsky Station Square. I did not play for money. I got acquainted with a "pro" in this part, an elderly man with a strange nickname "The Deceased." He owed this nickname, as someone said, thanks to a confrontation with a guy who insulted him. "Well, you're dead!" he threw in the face of the bully. It wasn't a serious threat, but a "figure of speech." So, a new acquaintance once as if casually threw me: "Quit your hobbies.. You need to study..."

Around that time I received a letter from my cousin Natasha, Aunt Nina's daughter. For some reason the letter was not signed, but I realized who it was from. And she kept repeating: "You need to study!" Heeding the advice of the billiard player and Natasha, I left for Moscow.

# At the Nikitskiye Gate, in the Alleys of Moscow...

And once again, the question of where to live and how it would be with a residence permit loomed like a sword of Damocles. A friend from St. Petersburg took it upon himself to help. "I have a relative in Moscow, she works in Shvernik's secretariat. Address her on my behalf...". N. M. Shvernik was the chairman of the Supreme Council of the USSR, an all-powerful figure. Once a month in his reception room received applicants for various reasons, including residence registration. Sometimes Shvernik himself conducted the reception, but more often—his deputies. My friend's relative turned out to be responsive and promised to help.

One day, I found myself in a waiting room waiting for an audience with a high official. I was lucky. The conversation took only a minute. Shvernik asked me what my request was. I said that I am an orphan, my parents died in the blockade and I wanted to study in Moscow. "Couldn't you study in Leningrad?" I replied that I had an aunt in Moscow and no one in Leningrad. "And where will you live?" I said my aunt's place. Shvernik ordered to get me a temporary residence permit.

I decided to enroll in a technical school of Soviet trade. The problem was that I didn't have any documents for graduating from a seven-year school, let alone a matriculation certificate. During the war and constant displacement, there was no time to study. Elementary school knowledge, of course, was also lacking. Natasha offered to help with math, and we began to study with her. But where to get the necessary papers for admission? And Beba, that is me, decided to get fake documents about graduation from seven classes by any means necessary. It wasn't that hard. I found the right people and everything was done.

Some highly moral readers may throw a stone at me for this. Yes, I admit that I am far from being an angel. But let these moralists try to survive in my skin: without a father and mother, without material support, without a roof over my head....

While the "fake" was being prepared, I was earning money by selling watches. My Leningrad experience came in handy. The watches were a sight to behold, with elegant cases, luminous dials, some of the parts were German, taken from trophy items. I contacted watchmakers, but was extremely careful. Helped me demobilized captain pilot, Hero of the Soviet Union, a good man, but a lover of drink. The two of us sold watches near Voentorg (a big box store) and at railway stations.

When the time came, I asked the captain to go to the admission office of the technical school. He shaved smoothly and went sober as a glass to the technical school on Bakuninskaya Street. He asked for me as his orphaned nephew from Leningrad. The heroic star had the desired effect, and I, who presented a document of graduation from seven-year school with good and excellent grades, was accepted without examinations.

That's how my studies began in 1949.


I changed my place of residence—Aunt Nina's children had grown up and it was getting crowded. I rented not even a corner in a room, but a bed for a night's stay in a communal house near Nikitskiye Gate. The landlady worked at night.

Since I was a child, I learned the science of survival: the state will not help you, you can only rely on yourself.


The director of the technical school was Ivan Ivanovich Ivanov, later Deputy Minister of Trade, who supervised the Ministry's educational institutions. He was a good man who understood a lot and treated me kindly. However, not all the teachers showed favor, and they could be understood—I was not the best student. Gaps in knowledge were felt. The physics teacher was the first to suspect that I had never finished any seven-year school. He shared this "discovery" with the director, who gathered a pedagogical council. I was summoned, and the interrogation began. I realized that I had been figured out.

Ivan Ivanovich was against my expulsion. He entered the situation of an adult homeless person, forced to fight for survival with all his strength. It was impossible to attend school. In addition, in the technical school I was noticeable, I was active, read my favorite poems from the stage. In short, the director convinced his colleagues not to raise a scandal and let me continue my education.

And then there was the danger of going into the army under the draft. I absolutely did not want to take up arms. I would have had to drop out of technical school. Aunt Polya worked at the Timiryazev Agricultural Academy and had great connections. She perfectly understood my condition—I wanted to get a diploma and start working normally. Three years of soldiering deprived me of such an opportunity. Aunt Polya called her good friend, the head of the district passport office, who advised me to temporarily register with someone in the Timiryazevsky district. I found an old woman and registered at her address, but I did not register at the district military enlistment office. But I had to go there anyway.

"At least let me take the exams for the second year," I asked the deputy military commissar.

"If you pass, you can come," he said.

I passed my exams, but I didn't show up at the military enlistment office. In general, I have not been drafted for compulsory service yet...

After graduating from the technical school, I went on a three-month military training camp in the Saratov region. I was no longer connected with the army in any way. And then my draft year was cut short.

I was reffered to work for the department whose stores sold jewelry (*Jewelertorg*). The director of the technical school, whom I remember with warmth, facilitated this. He knew that I was attracted to the jewelry business.

In the early summer of 1952, I stepped over the threshold of a store on Sretenka. There were eight such stores in Moscow. I was appointed head of the section selling gold jewelry editions. The job was to my liking. To a certain extent, I considered myself a jeweler, although I did not have the skills and serious practice in this area.

It was March 1953. Stalin's death took the country by surprise. The Soviet people believed that their leader, who had subjugated half the world, above the laws of nature. Put in the basis of the party nickname of the name of one of the most durable metals, can not, simply can not die as an ordinary man. Immortal Stalin—it sounded by no means a metaphor.

And then death. Many perceived it as a personal drama, a tragedy. Having entrusted the Kremlin hermit, who had not appeared to the people for many years, with the right to lead them, to lead them forward, to determine their fates, the fates of their children, they now did not know what to do next, how to live, and so their grief was also fueled by confusion.

Almost everyone was crying, and their tears were not ostentatious, but quite sincere, coming from the heart. Even the beginning of the war did not alarm and shock the people as much as the death of their beloved leader. At least, there were no such sobs on June 22.

Understanding the historical event and the ensuing

really came to me at a mature age, already in emigration. Nevertheless, I did not go to say goodbye to the leader, and my director, a former military sailor Victor went to the Hall of Columns, managed to make his way into the building and passed by the coffin in mournful silence.

My attitude towards the Soviet system was already negative. My friends Lenya, Isaac and Leva helped open my eyes to what was happening. Different in character, working in different spheres, they were Jews, and so many of our conversations touched on the subject of anti-Semitism. Frankly speaking, I did not feel its manifestation in relation to myself. But they felt it and conveyed their fears and concerns to me. The murder of the great actor Mikhoels (my friends did not doubt that it was a murder and not an accident), the shooting of members of the Jewish Anti-Fascist Committee, the arrest of "murderous doctors" and the rise of anti-Jewish hysteria—together with my friends, I began to feel what a terrible time I was living in.

Now, at the end of my days, I can clearly formulate my thoughts about the people and the leader. "People's Stalinism", becoming a manifestation of fanatical love for the father of the nation, akin to religious ecstasy, not fully understood to this day, was based on the fact that the conscious lives of millions of people passed during the period when Stalin stood at the head of the state. All achievements in peacetime and wartime were personified with him, and all deprivations and sacrifices were attributed not to his will, but to his entourage and local authorities. The holy belief in Stalin, a god who is deceived, who performs deeds that he does not realize (although according to this logic, a man-god should see and know absolutely everything), encouraged thousands of Gulag prisoners to write letters to the dear leader, to swear allegiance to him, to ask him to protect them from the arbitrariness of investigators, beatings, abuse, humiliation.

It is known that one of the leader's favorite pastimes was to reread Machiavelli. I got acquainted with this book in Lefortovo prison, having ordered it from the library. Later it was written: in the margins of the book "The Sovereign" the leader left dozens of notes. Two paragraphs highlighted in red pencil are known. "The sovereign, if he wishes to keep his subjects in obedience, should not reckon with accusations of cruelty. Having committed a few massacres, he will show more mercy than those who, in his excess, indulge in disorder;" "...a dispute may arise as to whether it is better that the sovereign should be loved or feared. They say that it is best to be feared and loved at the same time; however, love does not coexist well with fear, so if you have to choose, it is more reliable to choose fear."

> At the Nikitskiye Gate, in the lanes of Moscow,
> My youth and maturity under God flowed,
> I have felt no pain without my father's caress.
> I didn't think there was no warmth without my mom.
>
> Taking risks and learning I did, God willing,
> And felt no fear in the arms of evil,
> There were the dreams of love and the smiles of loved ones,
> All that youth has lavished on everyone.
>
> And a frenzy of fear raged all around,
> But life was born like spring grass,

And we didn't know we were walking under a scaffold,
And Moscow laughed and cried with us.

*1951*

More than half a century will pass, and they will start talking about Stalin again, writing, justifying, glorifying him, including in the new history textbook, calling him a great manager, explaining his cruelty, genocide of his own people by the world situation at that time. Those who were not born in "53 will be told: you and I have nothing to be ashamed of, we should be proud of our past.

And now Putin is trying to follow in the ghoul's footsteps, seeking to destroy Ukraine and Ukrainians by threatening the world with a nuclear shiv.

Truly, the pendulum of history's clock swings both ways...

Embodying myself with the millions of Soviet people under Communist oppression, I wrote lines like this:

I was killed back in the "30s
A propaganda bullet to the forehead.
And the khutas were broken up,
Destroying your own people...

*2021*

* * *

Red Square—simply and precisely
A lawful name has been given to it,
Red Square is painted solidly
In the blood of innocent people.

*1972*

* * *

The leaders lie at the walls of the Kremlin,
Destroying the fate of generations.
May they never rest in peace,
Until the name Lenin is erased.

*1972*

## WE ARE NOT DESTINED TO FORSEE…

\* \* \*

I spent three years in a store on Sretenka. I gained a certain popularity. I was noticed in the trade. On Gorky Street, opposite the National Hotel, a branded store called Gifts with a jewelry section was opening. I was invited there. I proposed a new design for the counters: they were long, but now they were like "islands"—convenient for both buyers and sellers.

The store was then transferred to the nation's premier department store (GUM.) I was promoted to deputy head of the jewelry department.

There have been improvements in terms of everyday life. I managed to get custody of Aunt Paula Dyakova, a pensioner. As I wrote earlier, she had two sons. Vilya died at the front, Volodya studied at the military academy. He did not communicate with his mother. I will not go into details about why this happened. Aunt Polya lived on Prospekt Mira in a two-room apartment. That's how I finally got a permanent Moscow residence permit. I didn't live in one of the rooms, only slept in it occasionally.

Sister Tzila married an old man. I helped her. We were still friends. My sister had no children during the marriage. She developed a consequence of the blockade—dystrophy; she was tormented by persecution mania, some "voices." I contributed to the treatment…

# New Presence

I was working well, with interest. However, there was a new twist in my fate. At the very end of the 50s, I was invited to help restore and manage a small watch store near the German Market (later renamed Baumansky).

It would seem that no one is looking for good from good—I was well known in the jewelry trade, why change the profile of my activity? But I would not be me if I refused. My active nature demanded a way out, and besides, I knew watches firsthand, having successfully sold them by hand in St. Petersburg and Moscow. And here—a whole store, the director position. And I agreed, moving into the trade department named Moskulttorg.

The connections worked—first of all, with the watch factories of the country. The trade department management was pleased— the new outlet was making a profit. And in 1964, I was promoted to head a large watch store on the old Arbat. I worked here until 1972, when the bars of Lefortovo Prison slammed shut behind me.

The interior of the store was transformed. According to my ideas, cabinets made of Karelian birch appeared, artificial leather fabric was widely used in the decoration of the premises, large hands were installed on the walls inside the hall to show the exact time, special double glass showcases did not freeze during frosts...

A few words about what we were trading in. The heyday of the Soviet watch industry was associated with the period of 50–70s. As a result, the domestic market was fully self-sufficient in watches and this product was no longer in short supply, except for a number of rare and prestigious brands. Two watch factories successfully operated in the capital, and related enterprises operated in Petrodvorets, Minsk, Penza, Kuibyshev, Yerevan, Zlatoust, Chelyabinsk, Orel...

## WE ARE NOT DESTINED TO FORSEE...

Of course, it was not without borrowing foreign achievements All mechanisms of the 40–50–60 years were more or less finalized *clones*, first of the old Lip mechanism bought back in 1936, and then of new Swiss mechanisms. It was impossible to make any claims to the USSR at that time (as it is impossible to make them to China, which clones any industrial products).

I had an idea: to give worn-out parts a second life—to order spare parts kits from factories, which would include dials, cases and mechanical parts. People would buy these kits in our store and go to watchmakers who would make the necessary repairs. This idea of mine was then adopted by the larger workshops

\* \* \*

At the very end of the "50s, there were changes in my personal life. I was no longer a boy and did not look like a monk at all. A short but stormy affair with a married woman, Nina. A golden person, at that moment there was no closer than her. I remember her to this day. With her husband she had no children, and from our connection was born Seryozha. (I will tell you about it later)

However, I felt the need to *settle down.* An acquaintance of mine told me about his sister and suggested that I meet her. I liked the Jewish girl Stella. Apparently, she liked me too. She was ten years younger and was studying at an English course.

We were married. The wedding, quite modest, in a dining room rented on this solemn occasion, took place on December 31, 1959.

At the beginning of their life together, they rented a room, then bought a cooperative apartment in Izmailovo.

In 1961 a son Grisha was born.

We lived quite normally. In Lefortovo Prison I read literature— the library was wonderful, starting from the 20s, it was replenished with confiscated books of arrested "enemies of the people". According to the words of the prison doctor, it was probably not inferior to famous library *Leninka,* and in some respects it was superior. So, there I got acquainted with the works of the 18th century German poet and writer Wilhelm Heinze: "Ardingello and the Blessed Isles." I wrote down the lines I liked, the lines that struck me. A lot of things have accumulated. At Heinze's I read: "Whoever enters the house of a despot, even free, remains a slave." And further: "The supreme wisdom of creation, perhaps, is that everything in nature has enemies; it excites life!" "A man who is not disturbed by anything becomes lethargic and gives himself up to inactivity. It is better that something should always awaken him from his slumber." In the same place I came across the reasoning about marriage: "Is marriage an eternally acquired right? Equality would allow us to truly build relationships and win love in constant improvement, but often relationships turn into a kind of property and even to some extent violence. Based on the sense of acquisition, there is no desire for improvement. Eternal possession has the effect of dulling the senses."

\* \* \*

And one more episode—about how they tried to make me a member of the Communist Party (CPSU). The director of a large store and a non-partisan... Not good... My whole previous life was not conducive to the idea of joining the Communists, rather the opposite. I was critical of the authorities.

In response to the party leader's suggestion, I promised to think about it. As the weeks went by, I kept silent, did not take any initiative in this direction. One day I had a conversation with the director of the trade department. Ivan Semyonovich Gavrasov—a native of the countryside, a stately handsome man, blood with milk—treated me well. "When you join the party, think about whether there are no *stains* in your biography?" he said, as if by accident. I shrugged my shoulders—it didn't seem to be a big deal. "Even the sun has spots," the director summarized.

We never returned to that topic again. So, fortunately, I remained non-partisan.

\* \* \*

From those years, shrouded in a foggy haze, I remember one meeting that left a small scar of disappointment on my heart. In the fall of 1969 I was resting in the house of creative writers in Gagra. It was not the first time I had a rest among writers. Frankly speaking, they did not make any special impression on me. I even composed a couple of verses: *"I see the members of the union, but I don't see the Muse with them".*

There I met and became close to Yevtushenko.

His poems and he himself were on the ear. Kolmanovsky's song to his words "Do Russians Want War?" was constantly played on radio and television. I wonder what Evgeny Alexandrovich would compose on this subject today?

He willingly communicated, took an interest in my life, read Babel's stories to me, sometimes whole passages by heart. For a few days he left for Moscow: as he explained, "to fight with the publishing house for circulation" his poetry book "White Snows Are Coming..." was being published I remember him laughingly recounting an episode of a meeting between Khrushchev and Jawaharlal Nehru. The Indian leader was allegedly interested in Yevtushenko and asked Nikita Sergeyevich Khrushchev whether the famous poet had been in prison. "No, he had not been in jail." "And for nothing" said Nehru. "If he had known prison, he would have composed better."

A year earlier, the poet had fallen into disgrace. At the end of August, he wrote angrily and pathologically about the Soviet invasion of Czechoslovakia. The poems were published in samizdat, broadcast on hostile "voices". I sometimes caught the "Voice of America" on the radio and heard and memorized the first quatrain:

> Tanks walk through Prague
> in the sunset blood of dawn.
> Tanks march on the Truth,
> which is not a newspaper.

The same "Voice of America" reported at the time: 12 of the poet's colleagues wrote a letter to Brezhnev demanding that Yevtushenko be stripped of his Soviet citizenship.

The disgrace, however, did not last long. Yevtushenko kept his passport, and soon he traveled to South America, then stopped by Baikal and went to Vietnam. He himself told me about it on walks along the sea.

At the end of our stay at the art house, we exchanged phone numbers and promised to call each other and keep in touch.

And in the most recent days, the following happened. While walking along the embankment, Yevtushenko was called out by a tall man, unfamiliar to me, with a haughty *official's face*. Zhenya, as he asked me to call him, literally rushed to him, leaving me alone. Who it was, I never realized. Zhenya and the "official" continued their walk almost hand in hand, Yevtushenko completely forgot about me, as if I didn't even exist...

A few months later, we in our cars happened to stop next to each other at an intersection, waiting for a green light. Both of us rolled down our side windows.

"Why don't you call?" I asked.

The answer was disheartening:

"I don't need a watch..."

I realized I was dealing with a false identity.

In describing this episode, I decided to familiarize myself with reviews of Yevtushenko the poet and the man. And this is what I read.

Yevtushenko's literary style and manner provided a vast field for criticism. He was often reproached for pathos rhetoric and hidden self-glorification. For example, in a 1972 interview published in October 2013, Joseph Brodsky spoke extremely negatively of Yevtushenko as a poet and a human being.

"Yevtushenko? You know—it's not that simple. He's a very bad poet, of course. And he's an even worse human being. He's such a huge factory for reproducing himself. Reproducing himself. ... He has poems that, in general, you can even memorize, you can love, you can like them. I just don't like the level of the whole thing."

Andrey Tarkovsky, after reading "Kazan University," wrote in his diaries: "I just happened to read it... What an asshole! It's disgusting. A bourgeois avant-garde <...> Some pathetic Zhenya. A coquette <...> In his apartment, all the walls are covered with ugly pictures. A bourgeois. And he wants very much to be loved. And Khrushchev, and Brezhnev, and girls..."

So it's no coincidence that he absolutely boorishly, dismissively dropped a phrase about a watch he didn't need. God judge him...

## WE ARE NOT DESTINED TO FORSEE...

I dedicated such poems to Yevtushenko:

Your horizon has disappeared from "Youth."
With the newspaper "Labor" you opened your umbrella.

And thunderstorms are not terrible on the roof of KAMAZ,
But there are many poets who are upper-crust.

I wish you'd gone to jail like the others,
You shouldn't be clearing your throat with word dust.

And Nehru was wise, appreciative and critical,
Nikita didn't get into it—shallow politician.

Vietnam and Cuba touched on in poetry,
But it's fashionable to write about Rhodesia.

South Africa don't forget a nd the heroes of Angola,
And you can touch Spinola a little...

The swing hangs in one position,
Say of the Greeks—of their self-surrender.

It's not the right time. There's no need for distractions,
No Czechs to touch, no equality of nations.

And Cyprus, Israel, Egypt, Korea ...
About a Russian woman as soon as possible.

And don't be afraid to admit to the front...
I'm ready to fight for the image I've created.

Burning Vietnam and the Cuban mountains—
I'm closer to your "poachers" from Pechora....

You were received with rapture by America,
You've made a lot of girls hysterical.

## EFIM GILIN

And the way you wrote, in your crucifixion, about Chile,
It's like being carried out with Neruda.

You're not a monument yet—pedal on,
You want a Nobel Prize after all.

Be temperate in wine, don't get fat.
Ping-pong and the sea, get more into it.

And if there's a lull in orders,
Think of Babel from his early stories.

You remember yourself, young Eugene,
When you dreamed of being a poetic genius.

And the music of the notes of that time of poetry
It's a cut above your publicity.

But time doesn't go back to us,
And fame can't be bought with money.

*1973*

# From Arbat to "Lefortovo"

The year 1971 was coming to an end. The penultimate day of 1971 was marked by a catastrophe for me, although nothing seemed to foreshadow it.

...On December 30th in the morning a phone call rang in my apartment. The family was preparing for the holiday, Stella and Grisha were decorating the Christmas tree, I was going to work to congratulate a small and friendly team of a watch store on New Year's Eve. An unfamiliar man, who introduced himself as a KGB officer, invited me to come to such-and-such an address in the investigation department, adding: "Appearance is mandatory. Don't be late. It's easy to find. It is in the premises of Lefortovo Prison."

It's not enough to say surprised—I was dumbfounded. To show up at the investigator's office on a day like this? Why, for what reason?

However, a certain hunch was rattling around in my brain. About two months ago, I was summoned to Lubyanka (KGB), and a certain investigator had a strange conversation about the certain employees of the department related to the sale of jewelry. I had no connections with them, which I told the investigator.

The investigator kept asking me if I knew certain people and gave me their names. I didn't know anyone.

He asked me to let him know if any of the listed persons contacted me. In short, he suggested that I "snitch". In order not to anger him with a categorical refusal, I simply kept silent. That was the end of it.

Is the emergency call to the KGB on the eve of the holiday a continuation of that conversation?

At the agreed hour I appeared before the eyes of five (!) employees of the investigation department. I was seated at a large table, and the five stood as if guarding me. I was given a piece of paper and a pen.

## EFIM GILIN

"Write a full confession!"

"What confession? To what?"

They began to tell me the version of the investigation, which, it turned out, had been going on for a long time against 20 employees of the Kristall factory in Moscow. I was accused of having purchased a one-carat diamond from a certain Lebedev. It turns out he was the one who testified against me. I used to work with Lebedev at *Jewelertorg.*

I denied everything. My "case" seemed to have been sewn with white threads. The investigators did not back down. I answered many questions with one-word answers: "I don't know" "I don't remember". The investigators got angry: "So you don't know or you don't remember?"

The interrogation lasted for several hours. It ended with the announcement of my arrest and my being sent to a cell. It was a blow below the belt. I was not allowed to call home, and there was no mention of a lawyer.

The cell turned out to be a solitary one. I automatically took some twigs out of a broom lying in the corner and built a pathetic semblance of a Christmas tree. That's how I met 1972.

Apart from anything else, it was a shame to stop studying at the Moscow Correspondence Institute of Soviet Trade. I was already in my third year of study. Looking ahead, I never received my diploma of Soviet higher education. I have to admit that later I was not at all bitter about it.

After my arrest, the Chekists searched my apartment. As a result, finding nothing compromising, they took away my wife's earrings, given to her by her father, and some of her other jewelry. They took American cigarettes, which I, a non-smoker, kept for gifts to smoking friends, as well as equipment, including a tape recorder, a record player, and a Western-made receiver—the envy of many Soviet people, including the Chekists. Neither my wife nor I saw any more of this equipment.

So, solitary confinement awaited me. Here I spent a few days. Then I was transferred to an ordinary cell for three prisoners.

I remembered the savage heat that hit Moscow in the summer. There were disappointing reports from behind bars—the capital groaned and wore itself out. Peat and deadwood were burning in the Moscow suburbs and neighboring regions, and as a result, a cloud of suffocating smog covered the vast territory. The cell was short of air, there was nothing to breathe. Those were terrible weeks...

...Days and nights passed, and there were 642 of them. More than a year and a half in prison cells for the "case" fabricated against me. Interrogations, interrogations... Unsuccessful attempts to "split" me, to force me to give false testimony against others.

A few words about "Lefortovo."

The prison was founded in 1881 as a military prison for the detention of lower ranks sentenced to short terms. It was repeatedly rebuilt and completed. According to the data for 1920 the prison was called "Moscow Lefortovo prison-distributor". Since 1924 it became a special purpose isolator. It mainly held prisoners sentenced to 10 years of strict isolation, applied to them instead of firing squad.

In 1935 "Lefortovo" was turned into a prison for prisoners under investigation. During the "Great Terror" the prison was widely used as a place of torture during interrogations.

From 1954 to 1991, the prison was an investigative isolator of the KGB. Many famous Soviet dissidents were held there during the investigation.

It has a large library, mostly made up of books confiscated from those arrested during house searches.

"Lefortovo" prison was and remains the main prison in the state security system. Since the outbreak of war in Ukraine, the prison has played a key role in FSB operations, from repressions against human rights activists and scientists, to secret purges of the FSB apparatus and the detention of Ukrainian prisoners.

To be fair, it is worth recognizing that most of those who were once imprisoned in Lefortovo recognize that it is probably one of the rare Soviet prisons which, in terms of living conditions, complies with the norms of the European Convention on Human Rights.

Lefortovsky rampart behind Nemetskaya Slobodka
And the spirit of Catherine's Czarist times,
A Bolshevik Chekist with a light gait
Hurrying to his historic garrison.

The church stands, all in glow,
Matins is struck by the bell tongue,
And past the church, steps quickening,
A Bolshevik Chekist is rushing to work.

He will fight his enemies today,
Half a hundred behind, and he can't be bothered,
Where do they come from that's so annoying?
Muffle them with a brick.

In the thirties, they were squashed like fleas,
There are "screws" left, just with the right threads,
Where you've come from again now,
You're asking for another robbery.

All in his thoughts he goes on, musing,
And will crush them mercilessly,
There's no need for a twist, the road is straight,
And communism is there—we just have to live to see it.

*1972*

A few words about the internal order. Wake up at six in the morning and go to bed at ten in the evening. You sleep with the light on, you can't cover your head on the iron bunk. I put my winter clothes on the iron so that I could sleep a little softer.

During the day—an hour's walk. Three meals a day, once a month—a transfer from relatives, 5 kilograms, you can use a stall for ten rubles a month. In the stall—non perishable products, including dry sausage.

Colonel Petrenko, the head of the prison, is a colorful personality. According to the stories of former convicts, he fought with the Germans in the artillery, then studied at the Military Political

Academy, after special training for 12 years—an investigator for the KGB, and since 1966—the head of "Lefortovo". Under him, the prison began to be improved: German tiles appeared in the bathhouse. The prisoners did not believe that this bathhouse was for them and not for the chiefs. They were taken to the bathhouse once a week and sheets were changed within the same period.

In 1972, after rising, it was allowed to tuck up the bunk and lie down. Petrenko made it mandatory for wardens to say "Good morning" to prisoners when rising and "Good night" when leaving.

I met him personally under the following circumstances. A tall, gray-haired colonel in a papka, accompanied by a female doctor and another employee, came into our cell and questioned us about why we were in jail. I answer the third and last: "For nothing." Petrenko says: "No way—that was until the fifty-third year. And now there are no such cases." And he adds: "You know wolf hunting? Well, they put red flags around you..." (I thought at that moment that we were all covered with one big red flag).

I never met with the warden again on a one-on-one basis.

One memory. When I had already been released from prison and was celebrating my birthday with friends in the restaurant of the "Rossiya Hotel", I happened to meet one of the group of investigators named Baklanov in the lobby. We recognized each other. I grinned and said, "Policemen and thieves," and he said, "Well, I'm not a policeman, and you're not a thief," and invited me to his table...

\* \* \*

At the trial, which lasted several months, I learned a lot of new and interesting things. It turns out that back in early 1971, the KGB began investigating the first "diamond" case in its history. It began when a certain Boris Glod was detained at Sheremetyevo airport in March while trying to smuggle contraband. The customs officer who was inspecting Glod's belongings noticed a ring on his hand, suspiciously turned with a diamond inside the palm of his hand. Closer inspection revealed that the ring was a crude forgery and served as a case for a large 2-carat diamond. Since the jewelry was supposed to have been leaked abroad, the KGB Investigative Department took over the case.

From Glod, the thread reached the jewelry factory where a whole group of embezzlers was discovered. In July, Proshin, the head of the jewelry factory's workshop, was arrested, who soon turned in another accomplice—diamond marker Kopylov. At the first interrogation, he honestly admitted that yes, he had been stealing, and even told about a home stash where 8 diamonds were kept. KGB senior lieutenant Dobrovolsky went to search the specified address. However, no stash was found in the place Kopylov had mentioned. Kopylov was obviously cheating, trying to throw the Chekists off the trail. But Dobrovolsky was not lazy and personally searched the two room in search of a hiding place. His efforts were soon rewarded. He noticed that one of the tiles in the bathroom slightly shifted to the side. It was as if it had been taken out and then put back in the wrong way. Taking a chisel from the landlady, he pried off the tile, but found nothing underneath. Then Dobrovolsky knocked a couple of times with the chisel on the concrete and found what he was looking for—a cache, in which a black cup with a lid was hidden. It contained not 8, but 77 diamonds!

But that was just the beginning. The next day the search was continued, and now a whole team of "searchers" worked in Kopylov's apartment. Since Kopylov refused to voluntarily name the locations of all his hiding places, the Chekists were forced to search the entire apartment. And they found all the stashes, which contained another 114 diamonds from 1 to 3 carats. When they presented them to Kopylov, he finally got down and began to give candid testimony. On their basis, the arrests of the embezzlers continued.

They lasted almost the whole August. As a result, 20 defendants were caught in the KGB net, and 100 (!) people were singled out as witnesses involved in the case.

I seemed to be the only one among the accused who had no connection with the group of embezzlers. This, however, was of little help to me.

A total of 600 diamonds were seized. And they were found in the most unexpected places. For example, one of the embezzlers of socialist property managed to make a stash... in the grave of his grandmother in the Kuzminsky cemetery. Another rolled the diamonds into plasticine balls and glued them to the wall in the elevator shaft. In addition to diamonds, money was also seized— about 500 thousand rubles, which was a colossal sum at that time. Moreover, if in previous criminal cases conducted by the KGB, the embezzlers were confiscated 3–4 thousand rubles, sometimes 10 thousand rubles, then here, after one of the searches, they found 100 thousand rubles at once!

The "diamond" case was reported to the KGB chief Andropov personally, who was so interested in it that he asked to demonstrate to him and his deputies everything seized. It was decided to hold the "exhibition" in the office of one of Andropov's aides. There, on a wide table, they spread black velvet and spread the jewelry on it. When the heads of the KGB saw this "Klondike," their eyes went to their foreheads. You bet: they had never seen such a quantity of precious stones and gold pieces before (among this good was one chain that was 5 meters long!).

Among those arrested and awaiting sentencing was the plant's Communist party chief (partorg) who did not take bribes or offerings and was known as an honest man. And he was an eyesore for the diamond thieves. They decided to "convert" him. The partorg loved hockey. As a birthday present they gave him a tie pin in the form of a hockey stick, and a one-carat diamond was discreetly embedded in the middle. The partorg was arrested. In "Lefortovo" he composed a poem: *"We sat down by the method of square and square-nesting, all with the notion of turning ninety-third prim"* (It meant the criminal article 93–1 "Embezzlement of socialist property on a particularly large scale")

## Clarification needed

Looking a little further ahead, I would like to note that all the members of the "twenty" were eventually convicted and received different camp sentences. I was the only Jew among these twenty. Since this "diamond" case was the KGB's first, the sentences were, as they say, "not fatal." But seven years later, the defendants in the new, largest "diamond scam" in the history of the USSR, uncovered at the Kristall factory in Smolensk, were not so lucky. Four people were sentenced to death for large-scale theft of precious stones as part of an organized group, violation of the rules on currency transactions and speculation in currency valuables under aggravating circumstances.

I will not comment on the brutal sentences—history has already assessed them as extreme cruelty of the Soviet state against citizens who" violated" idiotic, despicable laws on so-called currency transactions.

# CELLMATES. LIBRARY

After being arrested in "solitary confinement" for a few days, I was transferred to another cell, where two or three people were sitting—I don't remember exactly, it has been erased from my memory. I was inexperienced in these matters, but I quickly realized that I should not be frank with anyone, because a neighbor might turn out to be a "hen", specially sent to find out my secrets. However, there were no secrets, so I could be an uninteresting character for the "hen".

At some point we were alone in the cell—me and a man who admitted that he had told the investigator everything. What followed was a simple criminal story. The man expected such frankness from me. I must have told him something, but what? I did not know anything about the theft of diamonds from the factory.

My neighbor would periodically disappear for a couple of days, saying that he was called in for medical procedures, but I sensed something wrong and shut down.

I was pulled in for interrogations, questioned about a certain Ivannikov. I knew him well from *Yuvelirtorg*, from where he had moved to work in Ministry of Foreign Trade (*Vneshtorg),* traveling abroad, carrying out foreign trade operations related to diamonds. As I understood it, he was not arrested, he was getting dirt on him. The investigator asked if I knew anything about gifts from foreigners to Ivannikov: say, diamond jewelry, expensive gold watches, dollars. I kept silent. I was not a snitch, and I knew nothing about gifts that could easily be turned into bribes, and if I had, I would not have given away a good acquaintance. The investigator pressed, threatened, promised to reduce the sentence if I gave the necessary testimony. I stubbornly kept silent.

...After I was released, I met Ivannikov, who had fortunately avoided prison. He found me himself and thanked me: "Efim, how did you manage not to turn me in? How did you have the strength?

I'm sure the 'investigators' were putting pressure on me, they really wanted to put me away..."

My conscience is clear. I didn't turn anyone in. And I had nothing to hide.

The occupants of the cell changed, and there were gangsters, but rarely—for a short time I sat with a big crook, a Georgian transferred from Butyrskaya prison, where he had bribed everyone. Still, the crowd in Lefortovo was different, mostly dissidents, "enemies of Soviet power," big drug dealers, and embezzlers of socialist property. Speaking of *Butyrka*. It was told as a joke: a movie about the Nazis was filmed there, so one prisoner secretly gave our actor, who played a Gestapo officer, a list of cells where Jews were sitting. I still don't know whether he was joking or serious.

I met a drug dealer called Antibiotic. He and his associates were transporting drugs to Moscow and major cities from Central Asia. The couriers were arrested, and they turned in the mafia leaders. That's how Antibiotic ended up in Lefortovo. He had huge connections, but it seems he played a double role, otherwise how can one explain that he soon found himself free—not without friends from the KGB.

An unforgettable meeting took place with Krasnov-Levitin, a writer and participant in the dissident movement in the USSR. A deeply religious man, he had, according to him, previously joined the *Renewalist movement*. He was imprisoned several times. He said that in 1949 he was sentenced to ten years in prison for calling Stalin an "ober-bandit" in a private conversation. In 1956 he was rehabilitated. Once a week he organized in his house meetings, where anyone could come. At them he mainly talked about his life, but also gave political talks about the situation in the USSR, gave news about dissidents, and explained the basics of Orthodoxy.

Naturally, he was arrested again and sentenced to three years in prison for articles in the foreign press in defense of disgraced Soviet general Pyotr Grigorenko and dissident Vladimir Bukovsky.

He talked a lot about religion, and I listened and memorized. "I am a believing Christian. And the task of a Christian is not only to go to church. It is to put Christ's covenants into practice. Christ called to defend all the oppressed. So I have defended the rights of people, whether they are Baptists or Crimean Tatars, and if one day they oppress convinced anti-religionists, I will defend them as well..."

I inquired about the *Renewalism* mentioned by my interlocutor, or rather, enlightener. This is what I understood from Krasnov-Levitin's explanation. Renewalism is a schism in the Church. Many of the figures of the Renewalist schism were people sincere enough in their expectations of positive changes in the life of the country in connection with the coming of the Bolsheviks. The ideas of Christian socialism were spreading, and some clergymen were really into it. But the so-called socialism, which began to be built after the October Revolution of 1917, immediately showed its beastly face, and most people no longer had any doubts about its nature. Therefore, the ideas of the Renewalists did not spread widely...

I read my first poems to Krasnov-Levitin.


...Yes, the cellmates turned out to be different people. For example, Shurik Razinkov, an 18-year-old boy. He was accused of killing several soldiers from his company because of hazing. He ran away from the unit with a comrade, taking automatic rifles and documents. On the sixth day they were captured. Shurik told the story of his short life. He was born in Grozny. His Ingush father did not live with his family, and his mother and aunt moved to another city. Shurik studied badly. Instead of a pioneer tie he wore a colored kerchief under his shirt, and the class imitated him. At the age of 14, he began a free life of thievery and robbery. He was not afraid to receive blows and could also calmly inflict them himself. At the same time he was fond of playing the guitar, sang, knew many modern songs. He considers himself a hippie, before prison he wore his hair long. His motto: "I need not a social, but a sexual revolution." He knows women firsthand. He drinks *chifir*, a strong brewed tea, a kind of drug. Reading "Captain Grant's Children," sincerely experiences all the twists and turns of the story, laughs heartily at Paganel's absent-mindedness.

Did he realize what sentence awaited him? He avoided the subject in conversation, and I didn't touch it. I gave Shurik some of my clothes....

In prison, every letter from family and friends is worth its weight in gold. I also received such tidings, and was especially happy to see my wife's familiar handwriting. And I thanked them for the food parcels. Sausage, cookies, fruit, grass—everything is wonderful. But my neighbor got some lard. From the point of view of practical help—it's a thing! I even felt resentment for Stella's inconsideration, but only for a moment.

In response, I thanked my wife, said hello to family and friends. And I added: "I have been separated from you for many months. But my spiritual strength is not at an end. I feel stronger than before, and if before the KGB stood before me as a terrible scarecrow, now it looks like a garden scarecrow, it, the scarecrow, is worthy of its people, and this people does not deserve anything better.

During this time I saw a lot of different things. The first months I sat with two hens, who around the clock tried in every way, from threats to direct disinformation, to undermine my faith in my strength and make me talk nonsense so that the KGB could protect the honor of the uniform by inflating my "case". It is clear that it is difficult to wait for justice, but it is necessary to fight. So I ask you, dear Stellochka, to worry less…

In prison, only the walls of the cells are monotonous; inside the cells, the endless mental storms of guilty and innocent people rage. Even the guilty bear the burden of too unjust punishment. In many crimes, the state itself is primarily responsible…

I want to know if Grishutka plays tennis, if he swims even a little, how much he has grown, what size shoes he wears? I understood from the previous letter that he studies average…"

Prudent is he who does not grieve for what he does not have, but rejoices in what he does have.

If you are even alone with yourself, do not say or do anything evil. Learn to be much more ashamed of yourself than of others.

These are statements close to my heart from the ancient Greek philosopher Democritus, which I read in a book borrowed from the prison library.

And I also remember Byron's poetic lines that matched my mind-set and views at the time.

I am the sworn enemy of all tyranny,
Even if the Democrats reigned supreme.

And that's mine:
We learned dialectics all from Stalin,
With the rattle of the fetters, she slammed into us,
Then the Jews were wounded in the heart,
Although we are not loved by the people even now.

*1973*

At "Lefortovo," thanks to diligent reading, it was as if I had switched to the correspondence department of "Historical Literature" instead of the basics of Marxism-Leninism taught at the correspondence institute of Soviet trade, where I had studied before my arrest and which I was not allowed to finish.

\* \* \*

Now about the library itself.

I myself once heard a prison doctor say: "We have many books in 'Lefortovo' that you won't find in *Leninka*...". The female doctor was nicknamed "Ilse Koch." How she resembled a Nazi, a sadist, the wife of the commandant of the Buchenwald camp, I do not know. It is unlikely that whoever gave her that nickname could answer that question. Sentenced to life imprisonment, Ilse Koch hanged herself in her cell in 1967. The most curious thing: Wikipedia says that she worked for a while in Buchenwald... as a librarian. What a coincidence!

I have loved books since childhood. Reading fascinated me, enriched my knowledge, gave birth to new emotions. Two books, read at different times, brought tears to my eyes. This story "Ryzhik" Svirsky and the novel Verkor "Silence of the Sea". Ryzhik—a round orphan. He lives in the care of foster parents in the village of Holodayevka, the name of which speaks for itself. Ryzhik is a kind and honest boy, but he causes a lot of trouble with his pranks and mischief. One day Carrot-top meets a traveling magician. Bewitched by his art, enchanted by stories about distant big cities, the boy decides to see the world with his own eyes and together with his new friend leaves his native place. Will his journey be a happy one…? I can see why his fate excited me so much—I saw some reflection of my own destiny.

The novel by the French writer Vercor stands among the great books of the 20th century. In 1942, it was secretly published in German-occupied Paris and became one of the symbols of the Resistance. The plot of the book, it would seem, is simple, but behind the external framework of events hides a striking depth of comprehension of life. Silence becomes for the heroes, André and his niece Jeanne, a way of resistance to the fascists and fundamentally changes the German officer living in their house.

…I made extensive use of the prison library collection. The lending of books is quite specific. The contacts between supplier and consumer are limited. The service itself is done in absentia. The opportunity to order literature (by catalog, list) is given to prisoners once every ten days (literature is also issued for ten days). The book's path is carefully traced (a "book movement record card" is kept, on which the names of prisoners, dates of issue and return, data of the person who checked the book, the result of the check, etc. are noted). The books handed in by readers are checked for integrity of pages, presence of blots, underlining to prevent dissemination of any information. Can you imagine, a whole staff is engaged in checking the handed-in literature?! If in "Lefortovo" sit, let's say, 100 people… 60 of them read books… within 10 days there are about 1000 records, punctures, marks, underlines, etc. As they say—the witch is clever!

And this is where the behavioral category tracking system comes into play. You can judge from the situation who orders books, the nature of the books, the frequency of their orders, the result of the orders. The properties of the orders. A terrorist has his own sign, a maniac his own, a bribe-taking government official his own, and so on. And it seems simple—a library. Books…

…After breakfast, I asked the warden if I could get some books to read. Soon a librarian came to my cell and gave me three books. Two of them turned out to be decent: they were Sholom Aleichem's stories and Gorky's memoirs about Leonid Andreev, published by ACADEMIA. Then I learned that important convicts were first brought a catalog by the librarian, and then the books selected from that catalog. Official respect and subordination in the USSR is above everything! Even in prison!

The use of the library collection brought joy and satisfaction. I spent hours reading, writing down favorite thoughts and sayings. I absorbed the wisdom of books, passing it through me with the hope that when I was released, I would reread what I had written and get into the mood of the most difficult period of my life. The diary was a document, a silent, honest, impartial witness.

## Lefortovo Prison Library

Thirties of the twentieth century
The dawn of blood in a man's chest
Everything is uprooted, scattered to ashes,
A new unprecedented fear is born.
There's enthusiasm boiling on the surface,
And in the depths of it, a genius marasmus was born.
The seal of the ACADEMIA of the Greeks bears fruit:
Plato, Aristotle, Euclid, Democritus.
Homer's printed, Russell's awake,
But what is the Odyssey compared to her....
And in the life of a nation of beverages
Yezhov and Yagoda with their dirty souls.
But it's all behind us, only in the archives of history.
Unity reigns in the audience today,
Everywhere is prosperity, a kingdom of oil
Under the vault of the golden land of jubilee.
And only a shadow of bygone times
Imprisoned every volume here is now imprisoned.
On prison shelves amidst the dust and darkness.
Books for the convicts of the country,
Books that have seen the light of day are represented,
Other people's misfortunes, separations, offenses,

EFIM GILIN

From former masters from rare collections
There are remnants of editions roaming the cells
And serve as a reminder of history
Faded books in prison exile.

*1973*

# Stand Up, Court is in Session!

And so, finally, it was time for the trial to begin for the workers of the Kristall plant and me, strapped to them. My lawyer Mark Kisinizhsky gave the advice: "Talk less and shave off your beard." I took the advice.

> On court days, prosecutors have a full house,
> But I have not, unfortunately, seen a judge in this room.

The trial promised to be long—there were 20 people under investigation, each of them was to be publicly questioned, heard the answers, plus the speeches of the lawyers. I decided to describe what had happened in my diary, penciling everything that was most important, in my opinion, into a student's notebook. At the same time I added quotes from what I had read in the cell. It turned out to be a kind of reading.

The diary was a document, a silent, honest, impartial witness.

I want to reproduce it as it was written, without changing anything, but with some minor stylistic editing and punctuation.

...1973-й.

My first impression is that the seats in the hall are distributed like in a theater, everyone has their own number. My number is 10. No talking, no turning, no reading. The atmosphere is like being interrogated by the enemy during the war, and that is if you take the descriptions in bad detectives.

We are being tried in the KGB club building of "Lefortovo" prison. They take us by car, just for one minute.

I got a "final warning" for turning my head too far, and the trial hadn't started yet.

The court clerk resembled a thoroughbred German female: legs like milk bottles, breasts as far in front as her ass, a red mop of hair.

And like a ray of light in the window, my family and friends. Yes, after many months of prison walls—my family and friends.

The judge with sideburns looks like a true judge in a pre-revolutionary court in a good way. The guys" remarks: "3 years of good living, you can sit for 10"; "20 years of free labor, I can work for 10 more". Of the 20 defendants, 18 Russians and two Jews (in the jargon—"in schism") all except one Jew, that is me, who completely disagreed with the charges.

We are sitting in the center of the room, each defendant comes to the podium during questioning. The tribune is blocking the prosecutor, I asked him to remove either the tribune or the prosecutor.

...The fourth day of the trial. They read out the indictment of the preliminary investigation. With what savoring the judge speaks about me ... I am accused that through an acquaintance bought a gold piece with a diamond of one carat. The piece was allegedly stolen from the Kristall factory. This did not seem enough to the investigators, and they began to pin other "sins" on me, mainly using the false, coerced, unsubstantiated testimony of the already mentioned Lebedev.

Anyway, nothing new, I expected all of this.

Investigator Sergeev, before boarding the car taking him to court, threw to Lebedev (and I heard): "Behave smartly." An undisguised order to stick to his previous testimony against me. A few days before, while walking in the prison courtyard, I had loudly recited a composed couplet: "The interrogation was conducted by Sergeev, in my person he did not like Jews". A guard two dozen meters away shouted: "Say that again, I didn't hear you!"

During a break, one of the defendants asked the lieutenant of the convoy: "If your wife was offered to buy a diamond cheaply for 10–20 rubles, would she buy it?" "Yes." "And at our factory they were like seeds."

Kondratov, my age, with an oaky black beard, answers the judge in detail. You'd think he was a hero of labor or a famous innovator, at the very least. Given the rostrum, you'd think it was a meeting of the foremost workers in the industry, not a trial of diamond thieves.

The judge's question: did the director of the plant often come to the workshop? It turned out—once a year, when he handed over the banner. And where did the director come from? The answer is that he must have come from the KGB. "Did he understand anything about production?" The answer is, "I don't think so."

Finally, Kondratov began to talk about his crime. It all started with a diamond he had saved, from chipped diamonds. Diamonds, according to him, he stole aimlessly, bricked up in the wall.

Lobastov's interrogation. "What pushed you to commit the crime?" "The atmosphere in the workshop." "Who started it first?" I didn't hear an answer. And I made my own conclusion: lice come from the dirt and it doesn't matter who started it first—the reason is the appropriate conditions of existence.

The subject of drunkenness came up, and the judge relishes it; it seems that he himself is not far from Bacchus. Family couples worked in production, it is recognized as a sin, but what about working dynasties? When entering the party, Lobastov gave a promise to master the related professions of turner and cutter (he was a cutter). What's wrong with that? The more a person can do, the better. The judge seems to have a different opinion, judging by his questions.

Lobastov resists, gives answers to the questions of the judge on technology, who, like the prosecutor, wants to understand everything to the end. There is logic in the defendant's words.

Kondratov claims that any technology produces a system of thievery. Both repent of what they have done, but there is no sincerity.

Prosecutor Orlov looks at the testifying Sukharev like a boa constrictor at a rabbit. On his face there is obvious pleasure. He has ridden his favorite horse: drunkenness, drunkenness and drunkenness again—that's what pushed Sukharev to commit crimes.

The defense lawyer says that the prosecutor is in a good mood today. The court clerk explains in her human rights: "Lev Grigorievich is always in a good mood."

Sukharev says: Kondratov complained to him that he himself had nothing, and this is really true, because he stacked diamonds, walled them up...

After two days off, the trial resumes. I come here (or rather, I am brought here) like to work, some kind of routine, or you could call it acclimatization.

Lukyanov is being interrogated. He says that he plucked off skoliki (in Mosyakin's apt expression, he became a plucker). Vodka again. Two children, his wife was often ill.

The prosecutor asks Lukyanov: "You thanked the investigation in your half statement. Is that correct?" "Yes." "And what did you talk to Drevich about before your arrest?" "Drevich told me that if they beat you and you don't confess, you may be sent to the hospital for treatment." "Well, were you beaten, too?" "No."

I'll add on my own. This method is too primitive. Now they throw "hens" into the cell, they create a certain mood, pry secrets out of the sitter, intimidate, and if necessary, provoke a fight...

Protasov's testimony has a side effect on me. It turns out he doesn't know me at all, has never seen me, sings from someone else's voice. He had a hobby— hunting. I might add, he was a *stone hunter*.

A curious detail that came to light at the trial. The prosecutor's office requested from the Hydrometeorological Center a certificate of what the weather was like in Moscow in 1965 in October-November. This was to confirm that Lebedev had come with Protasov to my workplace. Good "evidence", nothing to say!...

Belov, an employee of *Vneshtorg,* is being interrogated. Belov is the very history of Soviet diamond and polished diamond production. Being in the dock (no matter how sad my situation is), I am to some extent proud that I am sitting not with professional crooks, but with workers and engineers who have literally started a new era that is taking the country on a stronger currency road.

The judge reproaches Belov: "Why do you mention your one miserable room? Gilin had a two-room apartment and got a three-room apartment. He has something to brag about!" The judge's envy can be seen even in this, everyone must live equally miserable and gray...

Prosecutor to Belov: "You were abroad in a complacent mood, but a few days after your return, the complacency disappeared. Why? Is it worse at home?"

Question to the defendant on the control of foreign trade operations with diamonds. How do you control small diamonds, piece by piece? Answer: then you have to triple the number of staff. If you increase control even more, then in the end the country may become full of controllers.

Belov was engaged in trade with foreign firms on behalf of the state, but he himself was almost pantsless and had no real commercial acumen. The investigators brought to light the foreign firm "Oscar Gordon," which bought diamonds and emeralds. The Jewish owner lived in Switzerland, ran a store. The firm brought souvenirs with it, which it handed out during negotiations. Another firm "Topfer" (USA) placed gifts in bags for each person with an indication of who the gift belonged to. The employees of Vneshtorg also treated the firms and gave them souvenirs. A legalized practice! Belov received a 0.20 carat ring for his daughter as a gift from Gordon. He was accused of receiving a bribe.

Belov agreed that he had violated the instructions of the Ministry of Foreign Trade, according to which he was obliged to surrender the gift. The judge explained: the ring should have been handed over to the chairman of the foreign trade association, the latter would have given the ring to you for a while, so that your daughter could wear it and show it to Gordon, and then take it off and return it to the association. The judge said literally the following: "When we are given gifts by foreign firms, it is a bribe, but when we give gifts to foreigners, it is souvenirs." Amazing logic!

The judge examines a note from Topfer, an American businessman, he gave Belov a necklace bead and it is incriminated as a bribe.

Valery Boev is on the "tribune". Specifically on the charge, he says: "If a forester asked a man to cut down trees and the man did the work, and the forester built a house out of the cut wood and sold it, both of them would be brought to court. Translating to our theme, a man cut the top of a diamond and for the size of the diamond that came out of that diamond he could be held liable."

Buyanov testifies. A young guy who thought of hiding diamonds under his grandmother's coffin. The expression "simplicity is worse than thievery" fits him perfectly. He was split up by the hens.

## EFIM GILIN

Ditties to the tune of "Yaroslavl Boys"

Oh, Moscow guys,
All from the factory you Crystal,
You didn't have enough paychecks
Everyone was mining for diamonds.

Every alchemist on the planet
They're going to burst with envy right now,
Like the speed of a rocket
There was a diamond in the rough at the plant.

Given to the fate of the wicked,
Your souls are in the KGB,
Everyone sat down on the benches,
You're angry with each other.

And your marker is Kondratov,
He collected all the diamonds,
He had a plan to make the hut
The plant's warehouse is a branch.

Acknowledgements Dobrowolski
I got it from Lubyanka,
Those who have taken the slippery slope,
Cleverly he outsmarted.

And your boss Protasov
Defeated the ninth shaft:
He didn't hide under the mattress—
He was burying rocks in the ground.

And the caliph for an hour is your Troshin
Drank champagne, cognac.
He was very upset,
That I got myself in such a mess.

Limp-wristed Ibragimov,
They say he's a dashing dzhigit,
And his buddy Haimov—
Glod doesn't value anyone.

## WE ARE NOT DESTINED TO FORSEE...

And the sales car
Did a lot of damage,
The KGB has a vigilante
From Foreign Trade Names.

I don't feel sorry for Lebedev,
He's got it on me,
He hid the earrings under a beam...
And then he stole them himself.

There's a howling wind in the cemetery,
Dead men sleeping,
And under Grandma's hump
Stashes are freezing.

What was missing for the bouquet
One Jew for you,
The KGB picked you up,
Making a mess in the house.

To Lukyan's ordeal
Drevitch promised Lesha
Sanitarium and medication,
If Central can hold out

You'll have witnesses brought in
From America itself,
Let the bourgeois remember you
With a joke, no hysteria.

You've been spared the vodka,
Keeping everyone healthy.
No young girls will come to you,
Grabbing a half liter.

And don't let it upset you,
That without you, the shop would die.
A generation is growing up,
That he will take sin upon his soul.

*1973*

## EFIM GILIN

\* \* \*

...I could tell a lot more about the trial, or rather, the trial, but I think that's enough. For example, Ibragimov said that investigator Sokolov, by the way, allowed transfers, arranged visits, behaved with him in a panicky manner, hinted: "Stop feeling sorry for this Jew Glod, give up unnecessary episodes, we'll settle everything later." Too late, the convict figured out this despicable game—in the end, he was thrown out like a used condom and imprisoned for 12 years.

I said to Lebedev in front of witnesses: "When the trial is over, you'll probably confess, if you have the courage, that you've accused Gilin." He said yes, but now he is ashamed to look the judge in the eye. (And he is not ashamed to put me in jail...)

Witnesses, including relatives, testify at the trial. I think there are about 100 people in total. I learned a curious detail. As it turns out, they requested information about me from the house department of my housing in Leningrad, asked Aunt Nina and Aunt Polya for their opinion of me, my cousin Volodya Dyakov, the management of *Jeweltorg, Roskulttorg*, and so on. Some of them were invited to the trial. The head of the *Roskulttorg* department gave me such a brilliant characterization that the judge could not stand it: "So, should I give him a medal?!"

As for the witnesses, some of them later confessed that the investigators deceived them, slandered us, forced them to give testimony that would suit the KGB.

I was shocked when I saw Elena Petrovna, the mother of the wonderful Katya Polyanskaya, about whom I have already told you. It was not enough for them to have a daughter, but the sneaky Lubyans dragged a sick old woman to court as a witness.

My bright angel Elena Petrovna, how clever and sensible your testimony was! But how could they help me... A grain got caught between the millstones. That's about me.

The wives of the accused testify much better, more convincingly than all the previous witnesses and than their intimidated husbands, who often stigmatized others and themselves.

## WE ARE NOT DESTINED TO FORSEE...

\* \* \*

Communication with the outside world is mainly accomplished by reading the "Pravda" newspaper. There was no radio or television in the cell. And here I read a report in the main party publication that on August 27 in Moscow a trial began in the case of Yakir and Krasin, accused of criminal anti-Soviet activity under Article 70 part 1 of the Criminal Code of the Russian Federation.

The trial lasted without interruption for almost a week. The reading of the indictment took 4 hours. Yakir and Krasin were charged with: drafting and signing, storing, reproducing and distributing many documents of political content, letters of protest, leaflets, as well as the "Chronicle of Current Events"; transferring these documents to the West through foreign correspondents, or foreign tourists; receipt and subsequent storage various NTS materials and other Western published materials literature qualified by the prosecution as anti-Soviet.

Many dozens of witnesses were questioned in court. In particular, the well-known psychiatrist Snezhnevsky was questioned, who stated, among other things, that in his entire 50-year experience of working in psychiatric institutions, there had never been a single case of a healthy person being placed in a psychiatric hospital. The director of Institute of Forensic Psychiatry and later director of Institute of Psychiatry of the USSR Academy Of Medical Sxiences. this figure was well known to dissidents He was the author of the concept of sluggish schizophrenia, which was widely used in Soviet repressive psychiatry. He personally diagnosed *sluggish schizophrenia* in some of them (e. g., Vladimir Bukovsky.)

There was a young man in the cell with me who expressed a negative attitude towards the authorities. Whether he was a dissident, I do not know, but in my mind he was. Snezhnevsky's statement angered him. "He's lying like a blue gelding! These psychiatrists will make a sick person out of any healthy person. At the behest of the Lubyanka, they are happy to put any dissident in a clinic with bars on the windows..." I could feel that the cellmate was speaking with knowledge.

On September 5, a press conference was held with Yakir and Krasin in the presence of foreign correspondents. I learned from the newspaper: both publicly repented of "anti-Soviet activities" and gave KGB testimony against the comrades. Yakir, for example, called reports of psychiatric repression in the Soviet Union slanderous.

Both dissidents were imprisoned in "Lefortovo" next door to each other, but, of course, we never spoke to each other. It was clear to me that they had been broken. The KGB were masters at this. As a result, they both asked for lenient sentences: the prosecutor asked to reduce the term of imprisonment for Yakir to 1 year 4 months, for Krasin to 1 year 1 month, which was almost equal to the term already served by both of them in prison since their arrest. The prosecutor asked to keep the reference.

Pyotr Yakil was the son of a major military commander Jonah Yakir, who was shot on Stalin's orders, and went through prisons, colonies, and camps. And such a seemingly steadfast man, who shared dissident ideas and passionately wished for the collapse of the Soviet system, turned out to be essentially a toy in the ruthless hands of the KGB. And Viktor Krasin, without wishing it himself, turned out to be a symbol of the most terrible and unattractive defeat: he lost not only his friends, but also the memory of all his previous (and subsequent) honorable deeds. He was forgotten even during his lifetime, and those who remembered—remembered mostly only bad things.

...You can understand: the voluntary confession of both defendants of their "guilt" did not improve my mood during the trial. I understood that it was useless to fight the Soviet repressive machine. But I did not want to admit my nonexistent guilt in the hope of a lenient sentence...

...While I was waiting for the verdict, I was invited from my cell to the investigation department. On the way, as if by the way, the jailer says that my wife is as *brazen as* I am. What is her insolence? And in the fact, he says, that she's always trying to stuff an extra kilo of apples into the gear. Bitch, and that's what he calls chutzpah...

According to the verdict, I was sentenced to six years.

# CAMP

So, my stay in "Lefortovo" is over. 642 days of captivity are behind me. The sentence was relatively mild—the KGB investigators had failed to prove my connection with the Kristall employees who were stealing diamonds.

I was sent to a camp to serve my sentence (minus the time spent in prison, as it should be). More precisely, to the penal colony IK-4 in the town of Vyazniki, Vladimir region. It was by no means the worst option. Relatively nearby was a camp for especially dangerous criminals—the infamous Vladimir Central. In principle, the Lubyans could put him there as well—in retaliation for his intransigence, unwillingness to pawn people, to give false testimony against them. Thank God, my conscience was clear.

In IK-4 I was initially engaged in making crates. And again I was lucky. Moscow connections worked. It turned out that a friend of mine, a former front-line soldier, was on friendly terms with a fellow soldier, the head of the colony. As a result, I got an enviable place in the warehouse, in charge of issuing tools.

Fragments of the memo records of the time.

...The first Saturday when after a long break I'm on my own. Although with certain reservations. Between the panes of glass on the window sill are small rolls—leftovers of various products. It's a bright, frosty day. One glass on the outside is missing, and a bird with yellow plumage, a tit, took advantage of it—it pecked the poorly packaged butter. You don't know where to hide it and from whom.

I enrich my vocabulary with camp vocabulary: "went up to the zone", "pakhan", "nichtyak", "to hang noodles on ears", "to piss", "zapadlo", "to drive a fool", "kidnyak", "golyak", "to put down", "gut", "to twist warganka...".

Sent letters to family and friends wishing them happy birthday yesterday.

I met a man I know, and he said that after prisonI am recovering in appearance, i. e. my complexion is changing.

Dec. 10., about five o'clock in the evening, a huge copper moon appeared, there was a feeling that it hung directly over the trees; in an hour it had already diminished in size, becoming a golden ball. Does nature seem especially beautiful in captivity? I don't agree with that.

I look forward to the letters and miss you very much.

I inherited a desk covered with a piece of glass and reinforced with cage wire. Under the glass are postcards with flowers, pictures of nature, landscapes. It all looks through the wire cage. Very symbolic.

At camp and the sun goes down behind the wire....

Yesterday, December 17, I had to become a climber—at my age to climb on a snow-covered roof to break the ice, and to climb not through the attic, but on an extension ladder, without insurance, and to move on the slippery roof. It's good that he skied on alpine skis, but still, to go down the ladder is a shudder. And all this at the behest of a young master who could be my son.

...I wasn't in the mood. Some kind of despondency. And yet I am grateful to fate—for the abundance of experiences, for the enormous amplitude of human suffering that I have experienced myself and had the opportunity to see around me from my childhood until today.

My stay in Vyazniki was marked by a blow under the breath from his beloved wife. Stella sent a letter of divorce. I don't want to waste words and describe my condition at that time. Yes, I was not like an angel in the flesh, but I loved my wife, my family meant a lot to me—and here is a fatal decision for me, quite undermined mental strength. And when? At the most difficult moment, when I needed the support of a loved one...

Yes, it's been two and a half years, and various things could have happened during the separation. But to accuse me of cheating, of never having been a friend, that's too much, to beat up a man who can't defend himself.

Of course, who needs sacrifices... Meeting with my wife, who saw me with naked hair, aged, ugly, suffered a lot of suffering, and there, on the outside, probably gallant suitors...

And the poems flowed by themselves...

> If there was no tenderness in your heart
> And he was covered by the duty of bonds,
> There'll be nothing for the two of us to do afterward,
> I have no claim on you, I swear....

1975

* * *

After a certain time for good behavior I was released from the colony and transferred "to chemistry".

For many Soviet prisoners, the word "chemistry" was not associated with science at all. In those years, it was a popular name for the construction sites of the national economy, where some prisoners were usually sent to work. Who was sent there? Why? How did the concept of "chemistry" come into being?

The country was undergoing active construction. Often there was a catastrophic shortage of laborers. That's why in the 1960s, so-called special committees were created—institutions that dealt with prisoners who were being punished with compulsory involvement in labor activities. (What a wonderful combination "special commandant's office"—it smells of fascism and occupation...).

At first, the convicts were sent to the construction of various enterprises related to the chemical industry, as well as to work at these very enterprises. For obvious reasons, the working conditions there were harmful. In this connection, a new colloquial term "chemistry" appeared. The hands of "chemists" built many, including large objects of Soviet industry.

Despite the fact that there was also a certain regime at "chemistry", the overwhelming majority of prisoners strived to get there. However, not everyone succeeded.

I ended up at large car garage in Pokrov and Petushki. The very same Petushki, later glorified in the great poem by Venedikt Erofeev.

I turned out to be a godsend for the boss, because, again through my connections, I was able to get scarce spare parts in Moscow.

...Digging through my archives, I found a piece of paper written while I was working at the motor depot. Here it is in full.

"No, these are not miracles! This is the everyday life of the DPTB (Department of Production and Technological Bundling). I went to a friend on some business and found out: a car came from Smolensk, bringing metlach tiles. Constraction department refuses to take it, even though it ordered it. But the hilarity is not in this, but in the fact that in 50 km. from Pokrov there is Kuchino, where such tiles are produced. But there are no funds, but by scratching the left ear with the right hand, you can go 300–400 km away. And bring the same tile. It is not cheaper there, but there it managed to break through. And to take the base where I work ... Something to hell, and a lot of things are not, and they get the 'deficit' to spare even for 20 years. Or they ask factories to make parts that have nothing to do with cars. It costs a lot of money..."

Before, as a trade worker, I had never been directly involved with production. I got to know each other at "chemistry" and was amazed—what a socialist mess!

\* \* \*

Russia, Russia, Russia...
You don't remember, you don't appreciate,
                              you don't honor.
What satanic power
Are you standing in grim chaos?

Your Horseman, sung by the poet,
The great froze by the Neva,
But nowadays other portraits
They've closed off an hour of blue.

He asks for words from time,
On brass stirrups,
After all, it's a **random** name
A hail of agony spread through the ages

WE ARE NOT DESTINED TO FORSEE...

I'm entitled to judgment,
Parents" ashes lie here,
And the trace of my birth in him
I'll leave it in these verses.

Russia, Russia, Russia...
You don't remember, you don't appreciate,
                              you don't honor.
Before this unclean power
You're on your knees!

*1975*

* * *

I'm wandering around,
I wander alone,
And a desperate act
Wandering around in my mind in a morass.

All human form
It's lost its meaning.
Where the shards of greatness
My mood?

Age of prosperity
Pushed back in time.
Only stupidity is slumbering,
Only hate is vulgar.

*1975*

* * *

Blue stripes in golden scarlet,
Black trees float by in a dance
The silhouettes are black and the road is white,
Oh, fate, fate, what have you done to me?

The water glistens silver
Behind the bare trunks,

EFIM GILIN

And where the years go
Out of the fire and into the fire...

Homemade antennas
Above the squat roofs,
Blood pulsing through his veins,
Kind of thinking and breathing.

The birch trees have turned red,
Rowanberry ducked her head,
And by the green spruce
The skirt is wrapped up.

An orphaned forest
Every voice is heard,
And it's so quiet,
It's like flying through space.

*1975*

# PETROV-AGATOV:
## PROPHET-PROVOCATEUR

I have already mentioned the feeling of disappointment that befell me after meeting Yevtushenko. Fate wanted to subject me to another serious test, which caused not disappointment but shock.

After my release, I returned home to Moscow. My wife, I remind you, had already divorced me. I tried to establish some sort of relationship with Stella—after all, our son Grisha was growing up—but nothing worked.

I could not stay at home. My friends gave me the address of the apartment of a man who worked in Cuba and rented out accommodation. So I settled in Sokolniki, where I spent more than half a year.

I was preparing documents, determined to emigrate. I first thought of leaving when I was the director of a store on Old Arbat. Departing people often came to me, asking me to help them buy scarce watches. They were visiting the nearby Dutch embassy to get Israeli visas. (There was no Israeli embassy at that time, Jewish emigration was allowed only with Israeli visas, the Dutch were in charge of these matters). However, I did not want to become a "refusenik"; I did not like that prospect.

My friend, the famous water polo player Peter Mshvenieradze, warned me: "Be careful. You have a lot of Jews visiting you. You may be bugged." Petya, having finished his sports career, got a higher legal education and taught at the Academy of the Ministry of Internal Affairs. He knew what he was saying.

In prison, I was finally ripe for departure.

These poems were written in "Lefortovo." They are about Italy, coveted and, at that time, inaccessible. However, I believed that sooner or later I would see this country.

Filled with a blue haze
Endless mountain ranges
In the valleys they float invisible.
Over the ancient land of Italy.

Bridges and canals of Venice
And in the city of eternal fountains,
And maybe Greece alone
Competes with you fiercely.

A collection of Raphael's paintings,
The majesty of God's temples ...
Pictures of colored watercolor
Out of a life born straight.

Attracts modern pilgrims
An abundance of different sculpture,
Creatures of spiritual gardeners,
Singers and Literature.

The flow of millions doesn't melt away,
He's only getting fuller,
And to each his own, who understands,
The eternal beauty will bow down.

*1973*

...I felt that I was being watched. I didn't know how I had received such an "honor". A black Volga was always on duty in the courtyard of my house in Sokolniki. One day I decided to check my assumption once again. I came to my friend Leva Genin in the fur atelier in Stoleshniki, parked his beige and yellow "Zhiguli", saw from the window of the atelier, as a black car stood next to it. "I'm being followed," said Leva. — "Come on! Who needs you?" — He did not believe it. — "Follow that black car over there. When I drive out, will it follow?"

Everything was confirmed. Leva was amazed.

The reason for the surveillance came to light. While living in Sokolniki, I met a certain Petrov-Agatov. Close friends of my cousin Volodya, Aunt Nina's son, called me from Israel and asked me to help

WE ARE NOT DESTINED TO FORSEE...

a dissident, whose name they did not mention, with money. They promised to give me the money when I was in the West. The man called me, I invited him to my place and asked him to be careful, in particular, not to call from my home phone. I was already "on a roll" and caution was called for.

And here comes a stranger in a kerchief over his suit, a kind of Tolstoy type, about sixty years old. And immediately pulls out a greenish-colored paper with a photograph. The paper says that Aleksandr Aleksandrovich Petrov-Agatov has been released from the camp where he was serving a sentence for a criminal case, that he is a poet who served many years as an enemy of Soviet power, made several escapes, was caught and had his sentences added, that in the camps he began to look for God and feels that he has found him.

He added: he wrote a series of Jewish poems and published them in Israel, for which he was imprisoned for the second time; he wrote a novella or short story that was published in the emigrant "Grani-akh" or "Posev" (I don't remember exactly). In confirmation, he took a book out of his pocket and gave it to me to read. Before that, of the forbidden literature I had read only Solzhenitsyn—"In the Circle of the First", "Cancer Copus" and a very bad photo copy of "The Technology of Power" by Avtorkhanov. When I saw the book, I felt great reverence for the author, a true dissident who, risking his freedom, and perhaps his life, was engaged in a hard struggle against the Soviet system.

I received him as a dear guest, set the table, put out from the refrigerator scarce products obtained through friends, opened a bottle of vodka. He began to talk about God, about love of neighbor, I listened and realized that I was a little booger, unable to tame my desires, to love those who beat and humiliate me, and that I was far from perfect.

That's how our relationship began. I almost confessed to him, and he taught me to temper my pride, to learn to love people, and one day he brought me a very old book on religion.

I wrote poems and cherished the hope that I might find a true critic and adviser in the person of a real poet and dissident... After all, it was he, Petrov-Agatov, who composed the lyrics to the famous song "Dark Night", which is performed by Mark Bernes in the movie "Two Fighters"!

True, sometimes there were some suspicions: how my new acquaintance was not afraid to live in Moscow without a *propiska*, I expressed my fears about it, and my interlocutor answered: "Don't be a coward, I, for example, go to demonstrations with disgraced General Grigorenko, 'they' want to kick me out of the Union, but God sent me a woman who conceived from me, and she has three children of her own and her former husband is a Pentecostal, and she too."

Petrov-Agatov briefly explained what Pentecostalism is. It is one of the "new" religious movements that appeared in the early twentieth century and considers itself one of the branches of Protestantism. They relate their doctrine to the New Testament events of Pentecost—the Day of the Descent of the Holy Spirit upon the Apostles. In 1901 the American evangelist Charles Fox came to the conclusion that modern Christians have lost a special spiritual state. The very thing that characterized the apostles. He opened a school in the United States where the biblical book "Acts of the Apostles" was studied. By laying hands on his students, he conducted a ritual of baptism with the Holy Spirit. After which his followers allegedly began to speak in various languages, including unknown to anyone. And even received the gift and heal the sick. There are many Pentecostals in the USSR, but the authorities are fighting them, declaring them a sect.

I didn't know any of this. And Petrov-Agatov continued: "I need to get permission from her ex-husband to take the children out and the whole family to go to the West. I am rich, just one story, printed abroad, brought 150 thousand dollars kept in the bank. I am thinking of publishing a magazine, and in general, only two writers—Solzhenitsyn and me—have money in the West."

These conversations were making my head spin.

It went on like this until the very beginning of February 1977. I was preparing to leave. Permission to leave the Union had already been granted. And then the thunder rumbled. I was reading the Literaturnaya Gazeta. On February 2, I bought it at a kiosk, unfolded it and began flipping through it. On page 14, my eye picked out

WE ARE NOT DESTINED TO FORSEE...

a letter entitled "Liars and Pharisees." I gasped when I saw the signature—A. Petrov-Agatov. The letter poured out blatant mud on the famous dissident Alexander Ginzburg, who headed the Solzhenitsyn Foundation for Assistance to Political Prisoners and Their Families. Ginzburg was accused of financial impropriety, misappropriation of the Foundation's funds, and other things. Every line of the libel, concocted at the behest of the KGB, smelled bad. I was already familiar with such matters, having learned them in prison.

How was that possible?! And why did I, a naive fool, believe in the rantings of a "man of God" who turned out to be a scumbag posing as a dissident?

I didn't call him to find out anything. My apartment was closed to him from then on. I never saw him again.

> Just how do you connect that he found God,
> And that in meanness now I've gone head over heels...
> No, he crucified Christ a second time today,
> The Judas of today has become the Judas of today.
>
> *1977*

So who is this man, this man, as it turns out, with a double bottom?

## Short Synopsis

In the past, PETROV-AGATOV was a Communist, an executive of the Stavropol Krai Party Committee. He claimed to be the author of the lyrics to the famous song "Dark Night" (from the movie "Two Fighters"). In 1947 he was accused of anti-Soviet propaganda for several critical remarks about Stalin and in June 1948 was sentenced to imprisonment by the Special Council. In 1956 he was released and rehabilitated. After his release, PETROV-AGATOV worked as a referent for the Minister of Culture of the Chechen-Ingush ASSR. He was widely published. His song "My Chechen-Ingushetia" became something of an anthem of the republic. In 1960 he was arrested again. He was released in 1967. The circumstances of this case are unknown. After his second release, Petrov-Agatov wrote and translated. He translated almost all Chechen and Ingush poets. In 1967, a cycle of his own lyrical poems was published in the magazine Prostor. His story "The Mystery of the Old Church" was published in the magazine "Neva."

July 26, 1968. PETROV-AGATOV was arrested again. The indictment in his case stated: "The investigation of the case established that since 1943 PETROV wrote, stored and distributed various poems of anti-Soviet content... A.A. PETROV wrote anti-Soviet poems written in 1943–53 into notebooks and kept them for the purpose of further distribution. In 1968 PETROV ... compiled a handwritten collection entitled 'Songs of Hope and Faith'. In his manuscript collection, PETROV included anti-Soviet poems written by him in 1943–53, which contain slanderous fabrications denigrating the Soviet state and social order, and the poems 'To God' and 'United States of America' and 'To President Johnson', in addition, contain calls for the overthrow of Soviet power... In July 1968, he, in addition, wrote a text of anti-Soviet content entitled 'Afterword...' The sentence was 7 years."

In the camp PETROV-AGATOV wrote a documentary story of memoir character "Arrestant meetings." The story and several poems were published in the West. In November 1970, PETROV-AGATOV was sent to Vladimir prison for 3 years."

**In addition.** In fact, the author of the song "Dark Night", sung in the movie "Two Fighters" by Mark Bernes, is Vladimir Garievich Agatov (Velvl Isidorovich Gurevich), a Soviet songwriter (1901–1966) and also a campsman (1949–56). He composed another song for the movie, "Shalandy", which also became famous. The music was composed by Nikita Bogoslovsky.

Vladimir Agatov died in 1966 in Moscow and was buried at the Novodevichy Cemetery. On his tombstone are engraved the words: "Dark night, only bullets whistle across the steppe...".

As for the prophet-provocateur, he received a third sentence for fraud in 1981. He died in a camp in 1986. That was the ignominious end of his life.

# My Emigration

I left my old homeland on April 12, 1977, on Cosmonautics Day. I was traveling alone—my ex-wife and son remained in Moscow, and I was very worried about parting with Grisha. The train was taking me through Brest. I don't remember, but something prevented me from flying by air.

We remembered some fragments, some patchwork pictures. We get off the train in a crowd loaded with ugly, not tourist, but rather refugee luggage, in which a whole life has been crammed and tamped down In the crowd, we all think about the fact that those in whose power we are now—customs, police, border guards—can still get us back. We are not free yet. I see out of the corner of my eye the few simple witnesses to our exodus: the railroad workers, the driver looking at us thoughtfully from his window, the unexpectedly silent conductors. Probably, some of them consider us lucky, others—traitors.

The customs office is too cramped for our crowd. There is no queue, everyone is crowded together. I had no trouble getting through customs. My stuff seems so unimpressive compared to my family's bags...

We crossed the border into Czechoslovakia, and Austrian border guards entered the car. I exclaimed:

"Thank God, I am free!"

> Leaders were taught from childhood
> to believe,
> Patriotism is a brainwashing—
> Should I be thanking you?
>
> The chiefs were at each other's throats.
> Or tried to kill—
> Should I be thanking you?

EFIM GILIN

Jewish doctors are locked up,
To shut the rest of us out—
Should I be thanking you?

The province lives without meat,
And you can't buy oil, either —
Should I be thanking you?

I was imprisoned by your will,
But I managed to stay alive
Should I be thanking you?

These lines were born in my heart,
Although it's scary to say—
I should be thanking you!

*1977*

I stayed in Vienna for a week. I did not intend to repatriate to Israel, which I announced at once, so I took the traditional route to Italy to wait for an American entry permit. At that time, immigrants from the Union were accepted in two cities—Ladispoli and Ostia. I ended up in Ostia.

I was almost out of money, like most new immigrants. My only hope was to receive parcels in Rome. Back in Moscow, I thought of sending to the capital of Italy several parcels with Palekh products—caskets, chests, kubyshkas, brooches, tie pins... I received the parcels at the Roman Main Post Office, although some were lost. I sold Palekh miniatures, valued at that time, in the Roman market "Americana" (as it was called). With the proceeds of the lire I traveled around Rome and the surrounding area.

It was a shock. I cried at the sight of St. Peter's Cathedral in the Vatican.

And everything else I saw in Italy left a deep emotional trace, which was translated into poetry.

Wherever I am, I have nowhere to go,
Piazza Venezia is with me everywhere!

## WE ARE NOT DESTINED TO FORSEE...

World squares from personal collection
I'd trade it for Piazza Venezia!

I know Spain and Greece are beautiful,
But I'm already in love with Piazza Venezia!

And I carry you in my heart—
Piazza Venezia, Piazza Venezia!

*1977*

\* \* \*

When I wandered through the museums of Italy,
Agreed with "Dutch"—it's not about the waistline.

Became richer mentally and physically even,
It's not about business, buying and selling at all.

And not in the Chekists at all—the Dutch didn't know them,
Because maybe they played it cooler with their hips.

The world lives by ideals, fashions, habits,
All I want is kind and pretty.

I fell in love with slim waists as a boy,
Since I haven't seen the museums of Italy.

*1977*

\* \* \*

No, not from Raphael's paintings,
They are only images to them,
Artists, you've overlooked
Joconde is not ghostly—it's alive.

Among the cathedrals and fountains,
Among the palaces and squares
I've met a lot of Italian women,
Shocked by their looks.

## EFIM GILIN

The fire and tenderness of the black-eyed,
A volcano lulled on his chest,
And modesty with pride in many,
I wanted to yell, "Wait!"

But passed, fading away,
I'd like to kiss their finger,
And, sadly, not knowing the words,
I couldn't tell them that.

And there was a feeling brewing in my heart,
And the sun was hiding in the veil...
That's the real art,
That made me sad.

                                                        *1977*

                            * * *

The laundry hung on the rope,
Shirt-clad facade,
On the wall with a secret ruse
The poster is smeared with paint.

The children are all dressed up on Sunday
They go to the temple with their parents.
But where destruction was born,
What are the communists bringing you?

Yes, the revolution in Russia
Gave birth to a lot of buzz phrases,
But it's not the poems, it's the bayonets
                        that are their strength.
And in the stupefaction of the masses.

Friends, I'm being honest with you,
I've experienced it personally,
Russia was famous for churches,
Communism exterminated them all.

WE ARE NOT DESTINED TO FORSEE...

Italy has worries,
Italy has rights,
But watch out for the twists and turns —
Down with the fence words!

*1977*

\* \* \*

Four months later, I received permission to enter the USA and found myself in blessed California. A Moscow friend gave me the address of friends in Los Angeles, and I stayed with them for two weeks. During that time, a good friend of mine from my former life arrived. Her American husband worked in Moscow as a representative of some firm. Before I left, I sold him my Zhiguli. He promised to pass the money through my wife when I was in the States. She brought 5,000 dollars, which came in very handy.

I didn't know English well, I tried to learn it in "Lefortovo," but what kind of study in prison... I took a three-month course to learn English. Then I started looking for my first American job. I did not have a good education, say, engineering, and "director of a Soviet store" could only cause laughter among local employers... So I started looking for jewelers—after all, I had a certain aptitude for this profession, and I knew, understood, and could do some things. As a result of the search I found a French jeweler. He checked my skills—he asked me to file a molded piece of gold. For several hours I worked with a thin file—a file. The Frenchman smirked: "That's yesterday's day. My Mexican with the help of a special device will do this work in an hour..."

The first pancake turned out to be a pancake. Probably all immigrants had a similar experience. Eventually I got a job in a jewelry factory. I was put to work sorting gemstones. There were Americans working next to me, an old man and a young guy, and he was always advising: *"Take it easy!"* (*"relax" "take* it slow"). The thing is that I was trying very hard, I wanted to do the assigned work as best as possible, as fast as possible. In order for me to understand why I was advised to relax, my colleagues told me this story. It snowed heavily in New York. In the cleaning crew, a Russian immigrant was working so well with a shovel that no one was hired to help him.

Then the Russian was suddenly fired. "The moral of this fable is, don't show that you are overqualified, i. e. you are more specialized than required, and you should be paid more than others. I wasn't overqualified.

I worked at the factory for a little over a year. There were no prospects for growth. By that time I was driving a used "Ford," bought for 1700 bucks. So I decided to become a cab driver, like many of our immigrants. My English still left much to be desired, so in order not to get into long explanations with people about the addresses of trips, I tried to pick up passengers near hotels and, as a rule, to take them to the airport, avoiding traveling around the huge city. Thank God, there were no major emergencies.

I devoted a couple of years to cabs. With the money I earned, I bought a car with a license, becoming a member of a transport organization, and rented the "car" to an American. I decided to go into jewelry again, but at a different level.

As in every business, you had to be lucky. I met a retired American doctor, his wife was in the jewelry business. She sold pieces she had customized. When she became ill, the woman gave up her place behind the counter to her husband, and the latter entrusted the trade to me. Having gained some experience, I began to order earrings, rings and other items in the Russian style with sapphires, diamonds and other pretty stones from a jeweler-emigrant from the Union, who knew how to do it. I bought materials from dealers. I started making money.

At one show I met a housewife from Texas who sold silverware. We did a couple of shows together. The trade was going well.

\* \* \*

The lights and headlights are a whirlwind,
America is booming like a volcano,
And I'm still a Soviet stooge,
Though already without a passport in my pocket.

\* \* \*

On the shores of the Pacific,
Over the water of the Great One,

## WE ARE NOT DESTINED TO FORSEE...

I live quietly,
I'm not moving anywhere.

The mountains are rising,
The ocean is stirring,
The years are running out,
It's like a kid's street.

It's occasionally foggy,
More often than not, the sky is clear,
There's no time to be sad,
And it's clear to me.

I stopped flinching,
The pompous ones are gone.
What else do I have to compare
With Russia dying?

*1980*

It went on like that for two years.

A friend of mine, a Los Angeles-based Armenian restaurateur, encouraged me to pay close attention to Brazil. The jewelry market in that Latin American country is booming. Why not try to fit into it in some way? In this country there are many immigrant jewelers from Europe, from them you can buy old, broken pieces and restore them. So I flew to Rio de Janeiro with the address of a friend of mine who was a gold and gem dealer.

And here I am. Rio de Janeiro, a huge city lying on the shore of Guanabara Bay, made an indelible impression on me... It became world famous thanks to the famous statue of Christ the Redeemer 38 meters high, crowning Corcovada Mountain, granite peak Sugar Loaf, to the top of which a cable car leads, and also thanks to the beaches of Copacabana, Ipanema, Leblon.

The world's largest carnival is held here, where visitors can admire the brightly decorated moving platforms and samba dancers in epathetic costumes. However, I didn't catch it—the carnival is held in February, and I was in Rio in April, but I heard a lot.

211

I have taken a liking to the so-called sharushkarias—buffet type eateries, like kebab shops. Comparatively cheap and tasty. First you go to a table with salads and appetizers. The selection here is huge. When your plate of salads is nearing the end, waiters start coming to you with big pieces of meat on spits. The waiter brings up the meat and tells you which part of the carcass it is. You either take it (and they will cut small pieces of meat off the skewer directly into your plate) or you refuse. And so it can go on indefinitely.

When I met the Brazilian recommended to me, I asked him about opportunities for my modest business. He gave me some useful advice and promised to put me in touch with the right dealers. In the meantime, I decided to get acquainted with the jewelry industry. The largest factory—"H.Stern" (Stern) processes half of all precious stones in Brazil. Amethysts, aquamarines, opals, topazes, multicolored tourmalines, diamonds, emeralds, rubies, sapphires...

I visited her showroom.

I was interested in the biography of the owner of the firm. As I suspected, Hans Stern turned out to be a German Jew. He was born in Essen in 1922. The family fled the Nazis in time, in 1939, and arrived penniless in Brazil, which provided visas, although the Sterns had no relatives or connections in that country.

At seventeen, Hans was able to get a job at "Cristab," a company that processes and exports Brazilian gemstones. He quickly began learning the jewelry business as well as (smart!) the foreign languages he would surely need to pursue a career in the international gemstone trade.

In 1945, Hans founded the "H. Stern Company." He attributed much of his success to what he called a combination of luck, opportunity and ethics. He believed that fair play was essential in a business where customers had to trust the seller to get good value for money. As his company grew, Stern trained his young jewelers, teaching them to maintain high ethical standards. He created a system of complaints and personally read each one, helping to raise the Brazilian jewelry trade to international standards.

His philosophy has proven to be very successful.

## WE ARE NOT DESTINED TO FORSEE...

What I learned about Hans Stern and his firm once again reinforced my choice of Brazil as a purchasing market materials for jewelry. The main thing was to buy up scrap gold and old, defective articles made of it, which were then melted down and also became scrap. And what to make of it in America depended on California jewelry masters and my creative imagination.

Gradually, I made connections, visiting Brazil three to five times a year. I also worked successfully in Argentina. But it didn't work out in Mexico.

In Brazil, he expanded his geography, trading not only in Rio, but also in São Paulo. Operating in these cities, of course, was fraught with risk. I had to be careful. I led a somewhat clandestine lifestyle. I didn't carry large sums of money or gold jewelry with me, I used a hotel safe. no one knew where I was or where I was going. The police offered security, I refused, not trusting the local police. Luck was on my side—I was never robbed or threatened.

I took an official permit to import gold in the form of scrap and paid a small customs duty. Then I made an official arrangement with a Brazilian company, which took on the services of delivering the purchased precious metal to Los Angeles. All the costs were paid back in profit. I borrowed small sums and paid them back after the sale. Sometimes I took small loans from banks for the business.

Brazilian scrap was used to make rings, earrings, bracelets, in which the stones were changed for more noble ones that were in demand. When I gave them to craftsmen to make and restore them, I ordered the design of the pieces, which I came up with myself. It was real creativity. Twice or thrice a month I took part in the show, a permanent clientele appeared, my products were purchased by dealers, stores and ordinary customers.

I opened my personal counter at the Antique Center on Beverly Boulevard.

> I live among tall palm trees,
> I'm used to cloudless sunsets,
> There's a lot of drama going on here, too,
> But I don't miss Arbat.

You're flying a Lincoln, you're tearing up the miles,
Swallowing the marvelous scenery,
And you forget where you live....
But really, there's no better land.

Of course, the critics don't sleep,
Blaspheming the vices of life,
The "innocence" of the supposedly innocent,
They should have another "fatherland".

There's a lot of drama going on here, too,
But I don't miss Arbat,
I live among tall palm trees,
In love with beautiful sunsets.

*1989*

I was financially strong enough. I left my rented apartment for $140 a month (my God, what a gentle price they were!) and bought a one-bedroom apartment in a good neighborhood on credit for a hundred thousand.

There was demand for my products, but there was no shortage in the jewelry market, rather an oversupply. In order to grow, it was necessary to constantly look for something, to find new things to attract buyers.

In the mid-90s, the decision to move to New York City matured.

# From "Lefortovo" to Fort Lee

I sold my apartment in Los Angeles, took out a loan from the bank and bought a home in New Jersey, in Fort Lee. It's a neighborhood along the Hudson River. Manhattan is close, which is what I needed. I started settling on 47th, next to Rockefeller Center, between 5th and 6th Avenues. This part of New York City is called the Diamond District.

The concentration of wealth and luxury on Diamond Street was undoubtedly off the charts. Tens of millions of dollars worth of jewelry was sold on a one-block stretch in a day. And in New York, about 80% of all diamonds sold in the world were "spinning".

On this street I kept only an office. There was no money there — the merchandise used during the shows was stored there. Of course there was some value, but not millions.

Here's what was written about me in an article that appreciated the level of my collection.

*"Efim Gilin emigrated to the United States in 1977 and now has an office in New York's famed diamond ayon. He travels the world to study remarkable jewelry of the past and present, sometimes reviving treasures that might otherwise have been lost. He is in an auspicious period. His current collection includes works from three centuries: Georgian antiques, including a pair of earrings with large rose-cut diamonds and dangling marquise-cut diamonds set in 14-karat gold dating from the Napoleonic era—and side by side with the best of 21st-century design.*

*"Today, some modern jewelry looks wonderful," says the jeweler.*

*Fine, exquisite craftsmanship is always Gilin's top priority when buying jewelry, old or new.*

His enthusiasm is infectious as he pulls pieces from his display case, handling them with pride and tenderness, showcasing their quality. A fragile 1910 butterfly brooch barely an inch wide? An airy and delicate platinum filigree piece studded with tiny diamonds; a 1940s diamond brooch with a cascading scattering of diamonds; a playful 1920s horseshoe-shaped gold good luck charm; a 1930s double diamond dress clip with ruby, sapphire and turquoise inlays; and a collection of Portuguese mother-of-pearl religious medallions.

"There's a lot I don't know about them, but I love them," admits the master.

A small Victorian cameo brooch pendant dating from 1890; a carved carnelian set in a Gothic Revival rose gold setting, oxidized to a stunning shimmering rainbow color, is another rare and beautiful piece in Gillin's collection, as is an Italian micro-mosaic of St. Peter's Square set into an oval brooch in 14k gold.

A 7 1/2 carat emerald-cut sapphire of a rich, dark, velvety blue color is one of the most spectacular pieces of jewelry in Gillin's collection. It is framed with baguette diamonds in the classic Art Deco style, but Gillin had to do some restoration work to bring it back to its beauty.

"I intend to have a center of certified gemstones," he says excitedly. — They will have amazing color and provenance. I would find them in unusual settings. I put one of them in an 18-carat white gold setting, which made it heavier and more modern. I appreciate the high quality of the stones. I have no favorites among them, as each one is attractive in its own way."

Another valuable stone in Efim Gilin's collection is rare: a five-carat gemstone ring set in platinum with sapphires and caliber-cut diamonds. Its provenance is pre-1917 Russia, and the size and quality of the demantoid garnet is so unusual that even the venerable international auction house Christie's has expressed interest in acquiring it, but Gilin intends to keep the magnificent deep green flawless stone for a "special private buyer."

Gillin has assembled an extensive and beautiful collection of earrings from different eras in different styles: Edwardian girandoles, modern clips. They range in size from tiny and discreet to large and luxurious. There is a style for every possible taste.

*"Earrings are my favorite pieces. They make women beautiful,"* admits the master.

*Recently, he started to create a collection of colored diamonds. Such exotic stones are gaining popularity, and Gillin has specimens in a variety of yellow tones—cognac brown, orange-yellow and spectacular turquoise-blue. These diamonds are most used in modern pieces, but Gilin occasionally uses one of these rare colored stones to replace a missing gemstone in antique shops because the sellers understand how difficult it is to preserve old pieces.*

*"I love bringing jewelry back to life," he concludes.*

*Gilin's collection also includes elegant men's and women's watches for such famous firms as Patek Phillippe, Concorde and, of course, Rolex. He also offers pieces by some famous jewelry houses: autographed Art Deco dress pins by Cartier, with two carved onyx and gold panthers that encircle the wrist as a three-piece bracelet, an attribute of David Webb's firm. Collecting signed pieces is not a priority for Gillin.*

*"I don't like so many signed pieces. I love a piece of jewelry that is not signed and is a great piece of work," he says.*

*Gillin takes great pride in the fact that his customers come back to him time and time again. "Professional, honest advice is the best thing I or my dealers can offer to customers. You have to find a jeweler you trust."*

*Clients who trust Efim Gilin find in him a jeweler who is happy to share his knowledge and his extensive and carefully assembled collection of jewelry spanning three centuries, and offers a price range from hundreds of dollars to $50,000.00.*

I am sometimes asked what my business is based on, what principles do I try to follow?

The first and foremost thing is to have integrity. Without this, it is impossible to achieve a high reputation. Someone wants to make a quick buck, to cheat the client. Sometimes just once is enough for people to stop trusting you. My motto is honesty, everywhere and in everything.

Second. My hard life has taught me compassion, empathy, to feel empathy for people. I was often approached by people who were in difficult circumstances: a loved one was seriously ill, bankruptcy was looming, there was nothing to pay off debts, and so on. They were forced to sell good jewelry to get money. Take my word for it: I have always gone out of my way to help those in distress.

Three. Trustworthiness. I trust people. It would seem that how can you make a successful business by being trusting? It turns out, you can!

Fourth. Boldness in the choice of product design, gravitation towards antiquity, justified risk. Intuition helps. What is intuition? I have derived my formula—a product of experience and knowledge. I don't have any gemstones that I don't like, they are all favorites. But, of course, ruby, sapphire, emerald, diamonds—the highest class.

\* \* \*

...I'll go back in my life story a few years.

At the very beginning of the 80s, there was a bright spot in my lonely existence. My wife, with whom, as readers remember, I was divorced, my son Grisha and Stella's brother Naum with his wife and child emigrated to California, not without my help. I met them in Los Angeles. Living together with my son didn't work out. Grisha, 20, started helping out in the business, which I was happy about. He said he wanted to study. I welcomed this desire in every possible way. However, Grisha changed his plans and got behind the wheel of a cab. Luck in this difficult field bypassed, and he came back to me. I took him with me to Brazil, teaching him the nuances of working in jewelry.

The son married unsuccessfully and did not find happiness in the marriage, divorced, after a certain period of time remarried. Two sons were born. My two grandchildren. I'll tell you about them later.

Like me, Grisha and his family moved to the East Coast and took up jewelry making professionally. His wife became his assistant in this business. I gave them my office on 47th Street.

Everything would have been fine, but... I didn't feel any real warmth from my son. Perhaps it was Stella's influence, or perhaps it was my own fault. I am not an angel, not cherub, I realize this, but I loved and love my son and would like more hospitality, filial affection in return. It is especially upsetting that I rarely see my grandchildren...

Stella left our world a few years ago.

And even earlier, in 1999, in my 70s, I got married. My chosen one was the beautiful Elena, Elena Anatolievna. She is indeed beautiful, much younger than me, incredibly energetic, businesslike, not afraid of difficulties. She comes from the old Russian city of Kaluga. She married and gave birth to two sons, Dmitry and Oleg. Alone, without immigration documents, she found herself in America in the early 90s. As they say, at her own risk. She worked hard, making her way in a foreign country, without English. Gradually I helped all family members, including my mother Roza, who is now 85 years old, to move to the States. She divorced her gambler husband, who did not change his habits in America.

We were introduced by a mutual friend who worked in a bank. I tried to open my young wife's eyes to many things. Within a year, she became an assistant in my business, learning the peculiarities of the jeweler's profession. Her son Dima also helped us. I taught Lena to play tennis, we went skiing, she became an excellent driver. We traveled around the country together, took part in antique shows, and spent half the year on trips.

For over 40 years I have been actively involved in this business. I did 25–30 shows a year—in Los Angeles, San Francisco, Las Vegas, Chicago, Houston, Baltimore, Philadelphia, New York and other cities.

\* \* \*

Life presents amazing plots! Suddenly, my childhood friend Leonid Stolovich appeared on my horizon. How many years, how many winters have flashed by... We were brought together at the very end of the 90s by a childhood friend from St. Petersburg—a math professor Vladislav (Vadim) Goldberg, who lives and works in New Jersey. He told Stolovich about me. And a letter came from Tartu. This is what Lyonya reported:

*EFIM GILIN*

*"Yes, indeed, it is a small world! I was just shocked when Vadim e-mailed me that he had a friend—'Baba from Malkov Lane". While in Tartu, he gave me a book of your poems. One of the poems, written in 1951, is dedicated to L. S. You handwritten on top: "In memory of our youth.*

*From my brief conversation with you on the phone and from Vadim's letter, I have a little idea of what you do. I will write briefly about myself. After graduating from the Faculty of Philosophy at Leningrad University in 1952, I was unemployed as a Jew. I sent more than a hundred letters to different cities of the country offering my services, and only one city, Tartu with its university, responded positively. At the beginning of 1953 I left Leningrad. However, for three more years I was still not employed by the university, and I lectured on an hourly basis, renting a corner.*

*I defended my master's and doctoral theses and became a professor. Now I am retired, I mostly work at home, write articles, books, and give lectures. I have already published 40 books in different languages. The last one is probably the most readable—"Jews Joking". Now I'm preparing the third edition. I will definitely send you the book...*

*My married life ended up working out well. Two children from my first marriage. My son is now 40, he is a physicist and lives in Tartu. My daughter is four years younger, she is a psychologist. My granddaughter, my son's daughter, is 60 years younger than me, to the day.*

*I also write poetry. I am sending you my most "solid" publication—in the famous St. Petersburg magazine "Zvezda"*

*Vadim wrote that maybe you and your wife will come to Estonia for a vacation in the summer. I would be very pleased...*

*All the best to you! The main thing is to be healthy! Your Lyonya."*

A correspondence started. Here's one of my letters.

*"Dear Lyonya! There are simply no words. I am delighted, proud, and God knows what else is in my soul right now. Only being busy in business prevents me from grabbing my dear Lenochka and flying to you.*

WE ARE NOT DESTINED TO FORSEE…

*I read your book with rapt attention and will reread it again and again. I must continue the conversation page by page and it could go on forever.*
*Hugs!*
*Lena, Efim (Beba)."*

I treasure our correspondence. One of Stolovich's messages:

*"My dear Fima! Today I received your letter with all the attachments. Everything arrived very well.*
*Glad to see you in the photos with the truly beautiful Elena. Experienced together with you your feelings when you met Rome… I've already sent the parcel with the book…*
*In your prospectus was your website. I went to it and saw in all its splendor the things you do. It's wonderful!*
*A hearty hello to Lenochka and you from me and Vera!*
*Hugs! Your Lyonya."*

My wife and I visited Löny in Tartu. It was an unforgettable trip.

To my deep regret and great sadness, Lyon and Vadim are no longer alive. The memory of my childhood friends lives in my heart.

# More About My Family

Earlier I wrote (just to remind readers): I have two sons, 6 grandchildren, 2 great-grandchildren, four great-great-granddaughters. They represent two branches of the genealogical tree—American and Moscow. In my life everything is not so simple, sometimes confusing. I will tell you more about it.

I'll start with American. My eldest grandson, Grisha's son from the first marriage, is Jash. My other two grandsons are Grisha's sons from my second marriage. One graduated from university in Boston, the other is just studying. Both are athletes, skiers. It is sad that we rarely see each other.

In Los Angeles, I got together with an American girlfriend. We were together for about two years and broke up.

A my new girlfriend gave birth to my son, named Jeffrey. I have a great relationship with him, helping him and his mother. Jeffrey lives in California. He's the manager of a large agricultural company. Married for the second time. No children yet.

Now about the Moscow branch. I mentioned my strongest love, my true passion before my Moscow marriage—Nina. She worked in Jewelertorg and was married. They did not live, as far as I could tell, very well. They had no children.

As a result of my relationship with Nina, a boy named Seryozha was born.

After my marriage to Stella, Nina and I maintained friendly relations. As an emigrant, I used to come to Moscow and meet Nina. Her husband had died by then. I asked her to introduce me to her son. I had only once seen him when he was very young. Nina refused. She reasoned that Seryozha adored his father and often went to visit him at the cemetery.

Another time I came to Moscow, not knowing that Seryozha had recently passed away. He smoked a lot and died young of lung cancer. For me, my son's passing was a blow. I talked to Nina for

WE ARE NOT DESTINED TO FORSEE...

a long time, not realizing that in just a couple of months she would be gone too...

Seryozha left a widow, Olya, and three boys. I have maintained excellent relations with all of them. I talk to my grandchildren in Moscow on the phone all the time. We traveled together, visited Greece, Turkey, Latin America...

The grandchildren have already had their own children: Sasha has a boy and a girl, Volodya also has a boy and a girl, and Seryozha has two girls. My dear great-grandchildren and great-granddaughters.

\* \* \*

The story of my life is dedicated to my family and friends, departed and living.

> Russia is going backwards,
> I feel sorry for the people of a sick country,
> An ominous specter rises
> The medal is on the reverse side.
>
> *2022*

\* \* \*

> The thunderstorms have passed,
> The flowers have bloomed
> And the soul's projections,
> You're the only one with me.
>
> I'm up to God right now
> It's like a stone's throw away.
> And the road of fate
> Reversed.
>
> At the edge of the universe
> I'm standing now,
> And love imperishable
> I'm giving it to you.
>
> *2023*